SOCIAL MEDIA MARKETING 2025

„Wichtige Tipps, Erkenntnisse und Strategien zur Steigerung des Engagements und zur Skalierung Ihrer digitalen Präsenz"

von

RAYMOND CHASEY

Social-Media-Marketing 2025

*Urheberrecht © 2024 Raymond Chasey
Alle Rechte vorbehalten. Kein Teil dieser Veröffentlichung darf ohne schriftliche Genehmigung des Herausgebers in irgendeiner Form oder mit irgendwelchen Mitteln, sei es elektronisch, mechanisch, durch Fotokopieren, Aufzeichnen, Scannen oder auf andere Weise, reproduziert, gespeichert oder übertragen werden. Es ist illegal, dieses Buch ohne Genehmigung zu kopieren, auf einer Website zu veröffentlichen oder auf andere Weise zu verbreiten.*

INHALTSVERZEICHNIS

Einführung

Kapitel 1
Social-Media-Trends verstehen

Kapitel 2
Aufbau einer starken Social-Media-Stiftung

Kapitel 3
Erstellen einer Social-Media-Strategie

Kapitel 4
Engagement-Strategien

Kapitel 5
Nutzung beliebter Plattformen

Kapitel 6
Analysen und Leistungsmetriken

Kapitel 7
Werbung und Verkaufsförderung

Kapitel 8
Inhaltserstellung und -verwaltung

Kapitel 9
Influencer-Marketing

Kapitel 10
Krisenmanagement und Reputation

Kapitel 11
Machen Sie Ihre Strategie zukunftssicher

Kapitel 12
Social-Media-Trends für 2025 und darüber hinaus

Kapitel 13

Social-Media-Marketing 2025

Aufbau einer plattformübergreifenden Strategie
Kapitel 14
Einbindung der Generation Z und jüngerer Zielgruppen
Kapitel 15
Nutzung benutzergenerierter Inhalte
ABSCHLUSS

Einführung

In der dynamischen Welt des digitalen Marketings haben sich soziale Medien von einem neuartigen Konzept zu einem Eckpfeiler moderner Geschäftsstrategien entwickelt. Im letzten Jahrzehnt haben wir beispiellose Veränderungen in der Art und Weise erlebt, wie Marken mit ihrem Publikum interagieren, angetrieben durch schnelle Fortschritte in der Technologie, verändertes Verbraucherverhalten und das Aufkommen neuer Plattformen. Die Entwicklung des Social-Media-Marketings spiegelt umfassendere Trends in der digitalen Kommunikation und Verbraucherinteraktion wider und veranschaulicht eine Landschaft, die durch Innovationen ständig neu gestaltet wird.

Die Entwicklung des Social-Media-Marketings

Die Reise des Social-Media-Marketings begann mit einfachen Plattformen wie Facebook und Twitter, wo Marken begannen, das Potenzial der direkten Interaktion mit Kunden zu erkunden. Mit der Reife dieser Plattformen entwickelten sich auch die von den Unternehmen angewandten Strategien. Mit dem Aufstieg von Instagram wurde visuelles Storytelling zu einem leistungsstarken Instrument zur Interaktion, während LinkedIn das professionelle Networking neu definierte. Das Aufkommen von TikTok und Snapchat brachte mit Kurzvideos und Augmented Reality eine neue Dimension der Inhaltserstellung. Das Wachstum jeder Plattform hat eine entsprechende Weiterentwicklung der Marketingstrategien erforderlich gemacht und Marken dazu gedrängt, ihre Ansätze kontinuierlich anzupassen und zu verfeinern, um relevant zu bleiben.

Während wir uns dem Jahr 2025 nähern, steht die Landschaft vor noch weiteren transformativen Veränderungen. Mit Fortschritten in den Bereichen künstliche Intelligenz, Augmented Reality und Datenanalyse wird das Social-Media-Marketing personalisierter, interaktiver und datengesteuerter. Das Verständnis dieser Trends ist für Unternehmen, die soziale Medien effektiv nutzen und sich einen Wettbewerbsvorteil sichern möchten, von entscheidender Bedeutung.

Warum 2025 wichtig ist

Das Jahr 2025 stellt einen bedeutenden Meilenstein in der

Social-Media-Marketinglandschaft dar. Es ist ein Punkt, an dem aktuelle Trends mit neuen Technologien zusammenlaufen und neue Chancen und Herausforderungen schaffen. Vermarkter müssen diese Veränderungen antizipieren und ihre Strategien anpassen, um das Potenzial zukünftiger Entwicklungen zu nutzen. In diesem Zeitraum werden fortschrittliche KI-Tools für die Inhaltserstellung, ausgefeiltere Datenanalysen für Einblicke in das Publikum und eine stärkere Betonung immersiver Erlebnisse durch virtuelle und erweiterte Realität integriert.

Indem sie sich auf das Jahr 2025 konzentrieren, können sich Unternehmen proaktiv auf diese Veränderungen vorbereiten und so sicherstellen, dass sie nicht nur mit den Veränderungen in der Branche Schritt halten, sondern auch neue Maßstäbe für den Erfolg setzen. Dieser zukunftsweisende Ansatz wird es Marken ermöglichen, auf innovative Weise effektiv mit ihrem Publikum in Kontakt zu treten und ihre digitale Präsenz in einem zunehmend wettbewerbsintensiven Umfeld zu skalieren.

So verwenden Sie dieses Buch

Dieses Buch ist als umfassender Leitfaden für die Navigation in der sich entwickelnden Welt des Social-Media-Marketings im Jahr 2025 konzipiert. Jedes Kapitel bietet praktische Tipps, umsetzbare Erkenntnisse und strategische Empfehlungen, die Ihnen helfen, Ihre Social-Media-Präsenz zu verbessern und das Engagement zu steigern.

1. Social-Media-Trends verstehen: Erhalten Sie Einblicke in die neuesten Trends und Technologien, die die Branche prägen.
2. Aufbau eines starken Social-Media-Fundaments: Erfahren Sie, wie Sie eine solide Basis für Ihre Social-Media-Strategie schaffen.
3. Erstellen einer Social-Media-Strategie: Entdecken Sie, wie Sie einen strategischen Plan entwickeln, der auf Ihre Geschäftsziele zugeschnitten ist.
4. Engagement-Strategien: Entdecken Sie Techniken, um überzeugende Inhalte zu erstellen und das Engagement der Community zu fördern.
5. Nutzung beliebter Plattformen: Informieren Sie sich über die Besonderheiten der wichtigsten Plattformen und wie Sie Ihre Präsenz auf jeder Plattform optimieren können.

6. Analysen und Leistungsmetriken: Erfahren Sie, wie Sie Ihre Social-Media-Leistung effektiv messen und analysieren.

7. Werbung und Verkaufsförderung: Verstehen Sie Best Practices für die Durchführung erfolgreicher bezahlter Kampagnen.

8. Erstellung und Verwaltung von Inhalten: Erhalten Sie Tipps zum Erstellen und Verwalten von Inhalten, die bei Ihrem Publikum Anklang finden.

9. Influencer-Marketing: Entdecken Sie, wie Sie mit Influencern zusammenarbeiten können, um die Reichweite Ihrer Marke zu vergrößern.

10. Krisenmanagement und Reputation: Lernen Sie Strategien für das Management der Reputation Ihrer Marke in Krisenzeiten.

11. Machen Sie Ihre Strategie zukunftssicher: Bereiten Sie sich auf bevorstehende Veränderungen und technologische Fortschritte vor.

12. Social-Media-Trends für 2025 und darüber hinaus:

Bleiben Sie über neue Trends und neue Technologien auf dem Laufenden, die die Innovation in den sozialen Medien vorantreiben. Es bietet Einblicke, um Ihre Strategie relevant zu halten, während sich die Landschaft weiterentwickelt.

13. Aufbau einer plattformübergreifenden Strategie:
Erstellen Sie einheitliche Kampagnen über verschiedene Plattformen hinweg und nutzen Sie die hier vorgestellten Strategien, um Inhalte individuell anzupassen und gleichzeitig eine zusammenhängende digitale Präsenz sicherzustellen.

14. Einbindung der Generation Z und jüngerer Zielgruppen:
Verstehen und binden Sie die Generation Z authentisch ein. Nutzen Sie diese Erkenntnisse, um Inhalte zu erstellen, die ihren Vorlieben und digitalen Gewohnheiten entsprechen.

15. Nutzung benutzergenerierter Inhalte:
Integrieren Sie benutzergenerierte Inhalte (UGC) in Ihre Strategie und steigern Sie das Engagement und die Glaubwürdigkeit, indem Sie Ihr Publikum in aktive Teilnehmer verwandeln.

16. Fazit: Fassen Sie die wichtigsten Erkenntnisse und abschließenden Empfehlungen für den Erfolg in den sozialen Medien zusammen.

Kapitel 1

Social-Media-Trends verstehen

In der sich ständig weiterentwickelnden Welt der sozialen Medien ist es für die Aufrechterhaltung eines Wettbewerbsvorteils unerlässlich, über Trends auf dem Laufenden zu bleiben. Mit Blick auf das Jahr 2025 werden mehrere Schlüsseltrends die Landschaft des Social-Media-Marketings prägen, angetrieben durch neue Plattformen, technologische Fortschritte und verändertes Nutzerverhalten. Dieses Kapitel geht auf diese Aspekte ein und bietet einen umfassenden Überblick darüber, was Sie erwartet und wie Sie sich vorbereiten können.

Neue Plattformen und Technologien

Social-Media-Plattformen entwickeln sich ständig weiter und neue Marktteilnehmer stören häufig den Status quo. Während wir uns dem Jahr 2025 nähern, wird erwartet, dass mehrere neue Plattformen und Technologien an Bedeutung gewinnen:

1. Augmented Reality (AR) und Virtual Reality (VR): AR und VR verändern die Art und Weise, wie Benutzer mit Inhalten interagieren. Plattformen wie Snapchat und Instagram haben bereits AR-Filter integriert, aber zukünftige Entwicklungen werden wahrscheinlich immersivere Erlebnisse beinhalten. Marken können AR für virtuelle Anproben und interaktive Werbung nutzen, während VR Möglichkeiten für virtuelle Store-Touren und Live-Events bietet.

2. KI-gesteuerte Plattformen: Künstliche Intelligenz (KI) wird in den sozialen Medien immer wichtiger. Von Chatbots, die den Kundenservice übernehmen, bis hin zu KI-Tools, die personalisierte Inhaltsempfehlungen generieren – diese Technologien verbessern das Benutzererlebnis und optimieren die Marketingbemühungen. KI verbessert auch die Moderation von Inhalten und gezielte Werbung, indem sie Benutzerdaten analysiert, um Präferenzen vorherzusagen und darauf zu reagieren.

3. Dezentrale soziale Netzwerke: Angesichts der wachsenden Bedenken hinsichtlich Datenschutz und Plattformkontrolle entwickeln sich dezentrale soziale Netzwerke als Alternativen zu

traditionellen Plattformen. Diese Netzwerke nutzen die Blockchain-Technologie, um Benutzern mehr Kontrolle über ihre Daten und Inhalte zu geben und möglicherweise die Herangehensweise an Social-Media-Marketing zu verändern.

4. Social Commerce: Social Commerce, die Integration von E-Commerce mit Social-Media-Plattformen, wächst weiter. Plattformen wie Instagram und Facebook erweitern ihre Shopping-Funktionen und ermöglichen es Nutzern, direkt über Beiträge und Stories einzukaufen. Zukünftige Fortschritte werden diese Fähigkeiten wahrscheinlich erweitern und Social Commerce zu einem zentralen Bestandteil digitaler Marketingstrategien machen.

Veränderungen im Benutzerverhalten

Das Nutzerverhalten in sozialen Medien unterliegt aufgrund sich ändernder Erwartungen und technologischer Fortschritte erheblichen Veränderungen. Das Verständnis dieser Veränderungen ist entscheidend für die Entwicklung effektiver Marketingstrategien:

1. Erhöhte Nachfrage nach Authentizität: Nutzer wünschen sich zunehmend authentische und transparente Interaktionen mit Marken. Sie legen Wert auf echte Inhalte und fühlen sich zu Marken hingezogen, die echte Geschichten und Einblicke hinter die Kulissen bieten. Dieser Wandel hin zur Authentizität bedeutet, dass sich Marken darauf konzentrieren müssen, Vertrauen aufzubauen und echte Verbindungen zu ihrem Publikum zu fördern.

2. Aufstieg von Kurzvideoinhalten: Kurzvideoinhalte, die von Plattformen wie TikTok populär gemacht werden, sind zu einem dominierenden Format geworden. Benutzer interagieren stärker mit mundgerechten, ansprechenden Videos, die leicht zu konsumieren und zu teilen sind. Dieser Trend unterstreicht die Notwendigkeit für Marken, visuell ansprechende, prägnante und wirkungsvolle Videoinhalte zu erstellen.

3. Verstärktes Engagement mit interaktiven Inhalten: Interaktive Inhalte wie Umfragen, Quizze und Live-Streams gewinnen an Bedeutung. Benutzer beschäftigen sich eher mit Inhalten, die zur Teilnahme und Interaktion einladen. Marken sollten interaktive Elemente in ihre

Social-Media-Strategien integrieren, um das Engagement zu fördern und die Benutzerbeteiligung zu erhöhen.

4. Fokus auf Datenschutz und Datensicherheit: Da das Bewusstsein für Datenschutzfragen wächst, sind Benutzer vorsichtiger bei der Verwendung ihrer persönlichen Daten. Sie suchen nach Plattformen, die besseren Datenschutz und mehr Transparenz bieten. Marken müssen sich dieser Bedenken bewusst sein und sicherstellen, dass sie hinsichtlich der Datenerfassungspraktiken und Sicherheitsmaßnahmen transparent sind.

Datenschutz- und Sicherheitstrends

Da Datenschutz- und Sicherheitsbedenken weiter zunehmen, ist es für die Aufrechterhaltung des Benutzervertrauens und der Compliance von entscheidender Bedeutung, die neuesten Trends in diesem Bereich zu verstehen:

1. Strengere Datenschutzbestimmungen: Regierungen auf der ganzen Welt setzen strengere Datenschutzbestimmungen um, beispielsweise die Allgemeine Datenschutzverordnung (DSGVO) in Europa und den California Consumer Privacy Act (CCPA) in den Vereinigten Staaten. Diese

Vorschriften legen fest, wie mit Benutzerdaten umgegangen werden soll, und geben Benutzern mehr Kontrolle über ihre persönlichen Daten. Vermarkter müssen über diese Vorschriften auf dem Laufenden bleiben und sicherstellen, dass ihre Praktiken den gesetzlichen Anforderungen entsprechen.

2. Verstärkter Fokus auf Transparenz: Nutzer fordern von Marken mehr Transparenz darüber, wie ihre Daten erfasst, verwendet und weitergegeben werden. Marken müssen ihre Datenpraktiken klar kommunizieren und Benutzern Optionen zur Verwaltung ihrer Datenschutzeinstellungen bieten. Der Aufbau von Vertrauen durch transparente Praktiken ist für die Aufrechterhaltung eines positiven Markenrufs von entscheidender Bedeutung.

3. Verbesserte Sicherheitsmaßnahmen: Angesichts der Zunahme von Cyber-Bedrohungen ist die Implementierung robuster Sicherheitsmaßnahmen von entscheidender Bedeutung. Dazu gehört die Verwendung von Verschlüsselung zum Schutz der Benutzerdaten, die regelmäßige Aktualisierung von Sicherheitsprotokollen und die Aufklärung der Benutzer über sichere Vorgehensweisen. Wenn Sie

sicherstellen, dass Ihre Social-Media-Konten und Marketingplattformen sicher sind, schützen Sie sowohl Ihre Marke als auch Ihr Publikum.

4. Ethische Datennutzung: Ethische Überlegungen zur Datennutzung gewinnen immer mehr an Bedeutung. Marken müssen die Nutzung von Benutzerdaten für personalisiertes Marketing mit der Wahrung der Privatsphäre der Benutzer in Einklang bringen. Die Einführung ethischer Datenpraktiken und Transparenz bei der Datennutzung tragen dazu bei, Vertrauen aufzubauen und langfristige Kundenbeziehungen zu fördern.

Kapitel 2

Aufbau einer starken Social-Media-Stiftung

Eine solide Grundlage ist für jede erfolgreiche Social-Media-Marketingstrategie unerlässlich. In der heutigen wettbewerbsintensiven digitalen Landschaft müssen Unternehmen sicherstellen, dass ihre Social-Media-Präsenz nicht nur professionell, sondern auch ansprechend ist und ihre Markenidentität widerspiegelt.

Ein starkes Profil erstellen

Ihr Social-Media-Profil vermittelt potenziellen Followern und Kunden den ersten Eindruck von Ihrer Marke. Es ist wichtig, sicherzustellen, dass Ihr Profil auf allen Plattformen vollständig, professionell und konsistent ist. Ein gut ausgearbeitetes Profil umfasst die folgenden Elemente:

1. Profilbild und Titelbild:

- Dabei handelt es sich um visuelle Darstellungen Ihrer Marke. Sie sollten von hoher Qualität sein und auf die Identität Ihrer Marke abgestimmt sein. Ihr Profilbild sollte in der Regel Ihr Firmenlogo oder etwas leicht Erkennbares sein. Stellen Sie sicher, dass es auf allen Plattformen konsistent ist, um die Markenbekanntheit zu stärken. Ihr Titelbild kann auf Plattformen, die dies zulassen (wie Facebook, Twitter und LinkedIn), kreativ verwendet werden, um aktuelle Werbeaktionen, Kampagnen oder die Mission Ihrer Marke widerzuspiegeln.

2. Biografie und Beschreibung:
- Ihre Biografie ist ein prägnanter Ort, um den Menschen zu sagen, wer Sie sind und wofür Ihr Unternehmen steht. Es ist wichtig, diesen Bereich ansprechend und gleichzeitig klar und auf den Punkt zu bringen. Fügen Sie relevante Schlüsselwörter hinzu, nach denen potenzielle Follower oder Kunden suchen könnten. Dies trägt nicht nur zur Verbesserung der Auffindbarkeit bei, sondern stellt auch sicher, dass jeder, der Ihr Profil besucht, sofort versteht, was Sie anbieten. Fügen Sie außerdem einen Call-to-Action (CTA) ein, beispielsweise einen Link zu Ihrer Website oder einer bestimmten Kampagne.

3. Kontaktinformationen und Links:
 - Machen Sie es Ihrem Publikum leicht, Kontakt aufzunehmen. Stellen Sie sicher, dass Ihre Kontaktinformationen wie E-Mail, Telefonnummer oder Geschäftsadresse aktuell und sichtbar sind. Die meisten Plattformen bieten Platz für einen anklickbaren Link – nutzen Sie diese Gelegenheit, um den Traffic auf Ihre Website, Landingpages oder Werbeinhalte zu lenken.

4. Konsistente Verwendung von Handles und Benutzernamen:
 - Stellen Sie nach Möglichkeit sicher, dass Ihr Benutzername oder Benutzername auf allen Plattformen gleich ist. Einheitliche Griffe stärken die Identität Ihrer Marke und erleichtern es Ihrem Publikum, Sie zu finden und mit Ihnen in Kontakt zu treten.

Effektive Branding-Techniken

Beim Branding in sozialen Medien geht es um mehr als nur die Verwendung Ihres Logos oder das Posten von Produktbildern. Es geht darum, wie Ihr Publikum Sie wahrnimmt und welches Erlebnis Sie bieten. Um eine starke Social-Media-Präsenz aufzubauen, muss Ihr Branding authentisch und konsistent sein und die Werte Ihres Unternehmens widerspiegeln.

1. Etablierung Ihrer Markenstimme:
 - Die Stimme Ihrer Marke ist der Ton und Stil, mit dem Sie mit Ihrem Publikum kommunizieren. Unabhängig davon, ob Ihre Marke verspielt, professionell oder maßgeblich ist, sollte diese Stimme auf allen Ihren Social-Media-Plattformen konsistent bleiben. Entscheiden Sie sich für einen Ton, der bei Ihrer Zielgruppe ankommt, und bleiben Sie dabei. Die Art und Weise, wie Sie auf Kommentare reagieren, die Art der Inhalte, die Sie veröffentlichen, und sogar die Sprache, die Sie in den Untertiteln verwenden, sollten mit dieser Stimme übereinstimmen.

2. Verwendung von Markenfarben und -themen:
 - Visuelles Branding ist ein Schlüsselelement einer starken Social-Media-Präsenz. Verwenden Sie die Farben und Themen Ihrer Marke konsistent auf allen Plattformen, um ein einheitliches Erscheinungsbild zu schaffen. Dabei kann es sich um die Farbschemata Ihrer Bilder, die Schriftarten, die Sie in Grafiken verwenden, oder sogar um auf Fotos angewendete Filter handeln. Durch ein konsistentes visuelles Branding sind

Ihre Inhalte in einem überfüllten Feed sofort erkennbar.

3. Geschichtenerzählen:
- Storytelling ist eine der effektivsten Möglichkeiten, Ihre Marke zu humanisieren. Menschen verbinden sich mit Geschichten, nicht nur mit Produkten. Nutzen Sie Ihre Beiträge, um die Geschichte Ihrer Marke, Ihres Teams oder Ihrer Kunden zu teilen. Teilen Sie Inhalte hinter den Kulissen, Meilensteine des Unternehmens und Erfolgsgeschichten von Kunden, um eine tiefere Verbindung zu Ihrem Publikum aufzubauen.

4. Nutzung benutzergenerierter Inhalte (UGC):
- Ermutigen Sie Ihr Publikum, seine Erfahrungen mit Ihren Produkten oder Dienstleistungen zu teilen. UGC ist nicht nur eine Bestätigung Ihrer Marke, sondern dient auch als authentischer Inhalt, der Vertrauen bei potenziellen Kunden aufbaut. Das Reposten von benutzergenerierten Inhalten auf Ihren Social-Media-Plattformen unterstreicht die Kundentreue und schafft ein Gemeinschaftsgefühl rund um Ihre Marke.

Verbesserung der visuellen und inhaltlichen Qualität

Da so viele Inhalte um Aufmerksamkeit konkurrieren, ist Qualität entscheidend. Hochwertige Bilder und gut geschriebene Inhalte zeichnen Marken in den sozialen Medien aus. Egal wie überzeugend Ihre Botschaft ist: Wenn sie schlecht präsentiert wird, kann es sein, dass Ihr Publikum sie übersieht.

1. In hochwertige Bilder investieren:
   - Hochwertige Bilder sind entscheidend, um Aufmerksamkeit zu erregen und aufrechtzuerhalten. Ob professionelle Produktfotografie, klare und ansprechende Infografiken oder gut produzierte Videos – die Investition in die Qualität Ihrer visuellen Darstellungen zahlt sich aus. Auf visuell ausgerichteten Plattformen wie Instagram, YouTube und Pinterest können Bilder oder Videos von schlechter Qualität die Glaubwürdigkeit Ihrer Marke beeinträchtigen.

2. Konsistenz beim Posten:
   - Konsistenz ist der Schlüssel, um im Gedächtnis zu bleiben. Entwickeln Sie einen Inhaltskalender, der festlegt, wann und was gepostet werden soll. Durch regelmäßiges Posten stellen Sie sicher, dass

Ihr Publikum engagiert bleibt und Ihre Marke sichtbar bleibt. Bei Konsistenz kommt es jedoch nicht nur auf das Timing an, sondern auch auf die Qualität und Art des Inhalts. Versuchen Sie, Werbebeiträge mit informativen oder unterhaltsamen Inhalten in Einklang zu bringen, um Ihr Publikum zu fesseln, ohne es mit Werbung zu überfordern.

3. Einbindende Bildunterschriften und Texterstellung:

- Ihre Bildunterschriften und der Begleittext zu Ihren Beiträgen sind genauso wichtig wie die visuellen Elemente. Bei ansprechenden Texten geht es nicht nur darum, die richtigen Worte zu verwenden, sondern sie auch so zu gestalten, dass sie bei Ihrem Publikum Anklang finden. Konzentrieren Sie sich darauf, klar, prägnant und gegebenenfalls gesprächig zu sein. Passen Sie Ihren Ton und Ihre Nachrichten an die Plattform an, die Sie verwenden. Beispielsweise sollten LinkedIn-Inhalte professioneller sein, während Instagram-Untertitel lockerer und ansprechender sein können.

4. Verwendung visueller Storytelling-Tools:

- Moderne Social-Media-Plattformen bieten zahlreiche Funktionen, um Ihr visuelles

Storytelling zu verbessern. Mit Instagram Stories and Reels, TikTok und YouTube Shorts können Sie beispielsweise ansprechende Kurzvideos erstellen. Nutzen Sie Funktionen wie Umfragen, Quizze oder Sticker in Storys, um das Engagement zu steigern. Diese interaktiven Tools machen Ihre Inhalte nicht nur dynamischer, sondern bieten auch Einblick in die Vorlieben und Verhaltensweisen Ihres Publikums.

Kapitel 3

Erstellen einer Social-Media-Strategie

Eine gut strukturierte Social-Media-Strategie ist unerlässlich, um sicherzustellen, dass Ihre Online-Präsenz effektiv und nachhaltig ist und auf Ihre umfassenderen Geschäftsziele abgestimmt ist. Ohne einen klaren Plan riskieren Unternehmen, Zeit und Ressourcen zu verschwenden, inkonsistente Inhalte zu veröffentlichen und Gelegenheiten für Engagement und Wachstum zu verpassen. In diesem Kapitel werden wir die Schlüsselkomponenten untersuchen, die für die Erstellung einer erfolgreichen Social-Media-Strategie erforderlich sind: klare Ziele und Vorgaben festlegen, Ihre Zielgruppe identifizieren und einen umfassenden Inhaltskalender entwickeln.

Klare Ziele und Ziele setzen

Jede erfolgreiche Social-Media-Strategie beginnt mit einem klaren Verständnis dessen, was Sie erreichen möchten. Ohne konkrete Ziele ist es schwierig, den Erfolg zu messen, Anpassungen vorzunehmen oder den Wert Ihrer Bemühungen nachzuweisen. Ihre Ziele sollten spezifisch, messbar, erreichbar, relevant und zeitgebunden (SMART) sein. So legen Sie klare Ziele für Ihre Social-Media-Strategie fest:

1. Definieren Sie Ihren Zweck:
   - Verstehen Sie zunächst, warum Sie soziale Medien nutzen. Soll die Markenbekanntheit gesteigert, der Website-Traffic gesteigert, Leads generiert oder das Engagement der Community gefördert werden? Jedes Ziel erfordert einen anderen Ansatz. Wenn Sie sich also über Ihren Hauptzweck im Klaren sind, stellen Sie sicher, dass Ihre Strategie auf Ihre Geschäftsanforderungen abgestimmt ist. Beispielsweise wird sich eine Marke, die ihre Bekanntheit steigern möchte, mehr auf Reichweite und Sichtbarkeitskennzahlen konzentrieren, während eine Marke, die den Umsatz steigern möchte, Conversions und Lead-Generierung priorisieren wird.

2. Legen Sie messbare Kennzahlen fest:
   - Nachdem Sie Ihren Zweck definiert haben, müssen Sie festlegen, wie Sie den Erfolg messen. Zu den gängigen Social-Media-Kennzahlen

gehören das Follower-Wachstum, Engagement-Raten (Likes, Shares, Kommentare), Website-Traffic, Konversionsraten und Return on Investment (ROI). Diese Kennzahlen sollten mit Ihren spezifischen Zielen übereinstimmen. Wenn Ihr Ziel beispielsweise darin besteht, die Markenbekanntheit zu steigern, verfolgen Sie Kennzahlen wie Impressionen, Reichweite und neue Follower. Wenn Sie den Umsatz steigern möchten, konzentrieren Sie sich auf Kennzahlen wie Klickraten (CTR) und Konversionsraten von Social-Media-Plattformen.

3. Teilen Sie große Ziele in kleinere Meilensteine auf:

- Große Ziele können sich oft überwältigend anfühlen, daher ist es wichtig, sie in kleinere, leichter zu bewältigende Meilensteine zu unterteilen. Wenn Ihr Ziel beispielsweise darin besteht, den Website-Traffic im nächsten Jahr um 25 % zu steigern, könnten Sie eine Steigerung um 6 % pro Quartal anstreben. Diese kleineren Meilensteine bieten Benchmarks, die Ihnen helfen, Ihren Fortschritt zu verfolgen und Ihre Strategie bei Bedarf anzupassen.

4. Richten Sie die Ziele an den allgemeinen Geschäftszielen aus:

- Ihre Social-Media-Ziele sollten direkt mit den allgemeinen Geschäftszielen Ihres Unternehmens verknüpft sein. Unabhängig davon, ob Sie ein neues Produkt auf den Markt bringen, in neue Märkte expandieren oder den Kundenservice verbessern, stellen Sie sicher, dass Ihre Social-Media-Aktivitäten diese umfassenderen Initiativen unterstützen. Diese Ausrichtung gewährleistet Konsistenz und Kohärenz in allen Bereichen Ihrer Marketingstrategie.

5. Bewerten und anpassen:
- Soziale Medien sind dynamisch und was heute funktioniert, ist morgen vielleicht nicht mehr so effektiv. Bewerten Sie Ihre Fortschritte regelmäßig anhand der von Ihnen gesetzten Ziele und seien Sie bereit, Ihre Strategie bei Bedarf zu ändern oder anzupassen. Monatliche oder vierteljährliche Leistungsüberprüfungen sind unerlässlich, um sicherzustellen, dass Ihre Bemühungen die gewünschten Ergebnisse bringen.

Identifizieren Sie Ihre Zielgruppe

Eine erfolgreiche Social-Media-Strategie hängt davon ab, wer Ihr Publikum ist und wie Sie es effektiv erreichen. Indem Sie Ihre Zielgruppe identifizieren, können Sie Inhalte erstellen, die

Anklang finden, sich sinnvoll engagieren und stärkere Beziehungen aufbauen. So gehen Sie vor:

1. Führen Sie eine Zielgruppenforschung durch:
 - Sammeln Sie zunächst demografische Informationen über Ihre aktuellen und potenziellen Follower. Dazu gehören Alter, Geschlecht, Standort, Beruf, Bildungsniveau und Einkommen. Tools wie Facebook Insights, Instagram Analytics und Twitter Analytics können Ihnen dabei helfen, zu verstehen, wer Ihre aktuellen Follower sind. Google Analytics liefert außerdem wertvolle Daten darüber, woher Ihre Website-Besucher kommen, welche sozialen Plattformen sie nutzen und welche Interessen sie haben.

2. Erstellen Sie Zielgruppen-Personas:
 - Audience Personas sind fiktive Profile, die verschiedene Segmente Ihrer Zielgruppe repräsentieren. Sie sollten so detailliert wie möglich sein und Informationen über die Ziele, Schwachstellen, Vorlieben und das Online-Verhalten Ihrer Zielgruppe enthalten. Eine Persona für eine Modemarke könnte beispielsweise eine 25-jährige Berufstätige beschreiben, die sich für erschwingliche, nachhaltige Mode interessiert und die meiste Zeit

auf Instagram und Pinterest verbringt. Die Entwicklung dieser Personas hilft Ihnen bei der Erstellung von Inhalten und beim Versenden von Nachrichten und stellt sicher, dass Sie die richtige Zielgruppe auf die richtige Art und Weise ansprechen.

3. Analysieren Sie das Konkurrenzpublikum:
- Eine weitere Möglichkeit, Ihre Zielgruppe zu identifizieren, besteht darin, die Zielgruppen Ihrer Konkurrenten zu analysieren. Sehen Sie sich an, wer mit ihren Inhalten interagiert, ihren Seiten folgt und ihre Beiträge kommentiert. Dies kann Ihnen Einblicke in potenzielle Zielgruppensegmente geben, die Sie möglicherweise nicht berücksichtigt haben, und kann Lücken in Ihrer eigenen Strategie aufzeigen.

4. Segmentieren Sie Ihre Zielgruppe:
- Nicht alle Follower sind gleich. Durch die Segmentierung Ihrer Zielgruppe können Sie maßgeschneiderte Inhalte für verschiedene Gruppen basierend auf deren Vorlieben oder Verhaltensweisen erstellen. Beispielsweise gibt es möglicherweise ein Segment, das lange Bildungsinhalte bevorzugt, und ein anderes, das sich mehr mit kurzen, visuellen Beiträgen beschäftigt. Durch die Segmentierung Ihrer

Zielgruppe können Sie auch personalisiertere Erlebnisse bieten, was das Engagement und die Markentreue steigern kann.

5. Bleiben Sie auf Verhaltensänderungen eingestellt:
- Das Nutzerverhalten von Social-Media-Nutzern entwickelt sich ständig weiter. Bleiben Sie über Trends wie Plattformpräferenzen, Konsumgewohnheiten von Inhalten und Interaktionsmuster innerhalb Ihrer Zielgruppe auf dem Laufenden. Auf diese Weise können Sie Ihre Strategie an die sich ändernden Bedürfnisse und Erwartungen anpassen.

Entwicklung eines Inhaltskalenders

Konsistenz ist von entscheidender Bedeutung, wenn es um soziale Medien geht, und ein Inhaltskalender ist eines der besten Tools, um Ihnen dabei zu helfen, einen regelmäßigen Veröffentlichungsplan einzuhalten und gleichzeitig sicherzustellen, dass Ihre Inhalte mit Ihren übergeordneten Zielen übereinstimmen. Ein Inhaltskalender hilft Ihnen auch dabei, im Voraus zu planen, organisiert zu bleiben und die Arten von Inhalten, die Sie teilen, auszubalancieren.

1. Planen Sie Inhalte rund um Schlüsselthemen und -ziele:

- Beginnen Sie damit, basierend auf Ihren Social-Media-Zielen die Hauptthemen zu bestimmen, auf die Sie sich konzentrieren möchten. Wenn Sie beispielsweise die Markenbekanntheit steigern möchten, können Sie Bildungsinhalte, Beiträge hinter den Kulissen und Erfolgsgeschichten von Kunden einbinden. Wenn die Lead-Generierung im Vordergrund steht, könnten Sie Inhalte priorisieren, die Produktvorteile aufzeigen und starke Handlungsaufforderungen enthalten. Wenn Sie Inhalte rund um diese Themen planen, bleibt Ihre Botschaft konsistent und zielgerichtet.

2. Bringen Sie werbliche und wertorientierte Inhalte in Einklang:

- Es ist wichtig, ein Gleichgewicht zwischen der Werbung für Ihre Produkte oder Dienstleistungen und der Bereitstellung eines Mehrwerts für Ihr Publikum zu finden. Das ständige Posten von Werbeinhalten kann Follower abschrecken. Nutzen Sie stattdessen die 80/20-Regel: 80 % Ihrer Inhalte sollten informativ, lehrreich oder unterhaltsam sein, während 20 % werblich sein sollten. Wertorientierte Inhalte können

Brancheneinblicke, Tipps und Tricks, Tutorials oder sogar benutzergenerierte Inhalte umfassen.

3. Planen Sie Inhalte plattformübergreifend:
 - Verschiedene Social-Media-Plattformen haben unterschiedliche Zielgruppen und Inhaltsformate, daher ist es wichtig, Ihre Beiträge entsprechend anzupassen. Während Instagram möglicherweise am besten für visuell ansprechende Inhalte geeignet ist, ist LinkedIn möglicherweise der Ort für Vordenker und berufliche Einblicke. Ihr Inhaltskalender sollte nicht nur angeben, was Sie veröffentlichen, sondern auch, auf welcher Plattform die einzelnen Inhalte erscheinen.

4. Zeitpunkt und Häufigkeit:
 - Das Posten zum richtigen Zeitpunkt ist entscheidend für die Maximierung des Engagements. Jede Plattform hat ihre eigenen Spitzenzeiten, in denen die Benutzer am aktivsten sind. Recherchieren Sie die besten Zeiten zum Posten für jede Plattform und passen Sie Ihren Kalender an, um diese Muster widerzuspiegeln. Berücksichtigen Sie auch die Häufigkeit der Veröffentlichungen. Während Twitter möglicherweise mehrere Beiträge pro Tag benötigt, um relevant zu bleiben, benötigt

LinkedIn möglicherweise nur wenige hochwertige Beiträge pro Woche.

5. Planen Sie saisonale und besondere Veranstaltungen:
- Integrieren Sie wichtige Termine und Ereignisse in Ihren Inhaltskalender. Dazu gehören Feiertage, Branchenveranstaltungen, Produkteinführungen oder Social-Media-spezifische Veranstaltungen wie der „World Social Media Day". Saisonale Inhalte kommen beim Publikum gut an und bieten die Möglichkeit für kreatives Engagement.

6. Überwachen und anpassen:
- Ihr Inhaltskalender ist ein lebendiges Dokument. Passen Sie beim Analysieren der Leistung Ihrer Beiträge Ihren Kalender an, um anzuzeigen, was funktioniert. Wenn bestimmte Arten von Inhalten zu mehr Engagement oder Conversions führen, sollten Sie diese Bereiche verdoppeln. Wenn umgekehrt bestimmte Beiträge keinen Anklang finden, überdenken Sie Ihren Ansatz und passen Sie ihn an.

Kapitel 4

Engagement-Strategien

Engagement ist der Herzschlag jeder erfolgreichen Social-Media-Marketingkampagne. Ohne sinnvolle Interaktionen können selbst die schönsten Beiträge oder überzeugendsten Anzeigen scheitern. Engagement geht über Likes und Shares hinaus – es geht darum, Beziehungen zu Ihrem Publikum aufzubauen, Gespräche zu führen und eine Community rund um Ihre Marke zu fördern. In diesem Kapitel untersuchen wir die wichtigsten Engagement-Strategien für 2025: Erstellen überzeugender Inhalte, Nutzung interaktiver Funktionen, Aufbau und Pflege von Communities sowie Verwaltung von Kundeninteraktionen und -feedback.

Überzeugende Inhalte erstellen

In der überfüllten Social-Media-Landschaft sind Inhalte die Währung, die das Engagement fördert. Es reicht nicht aus, regelmäßig zu posten. Sie müssen Inhalte erstellen, die bei Ihrem Publikum Anklang finden, Gespräche anregen und zum

Handeln anregen. Hier sind die wichtigsten Prinzipien für die Erstellung überzeugender Social-Media-Inhalte:

1. Kennen Sie die Vorlieben Ihrer Zielgruppe:
   - Das Verständnis der Vorlieben Ihres Publikums ist entscheidend für die Erstellung von Inhalten, mit denen es interagieren wird. Nutzen Sie Zielgruppeneinblicke, um herauszufinden, welche Art von Inhalten für verschiedene Plattformen und Bevölkerungsgruppen am besten geeignet sind. Beispielsweise bevorzugen jüngere Zielgruppen auf TikTok und Instagram möglicherweise kurze, videobasierte Inhalte, während sich LinkedIn-Zielgruppen möglicherweise mehr mit ausführlichen Artikeln und Brancheneinblicken beschäftigen. Passen Sie Ihre Inhalte an diese Vorlieben an und bewahren Sie gleichzeitig die Stimme und Ziele Ihrer Marke.

2. Priorisieren Sie visuelles Storytelling:
   – Visuelle Inhalte dominieren auch im Jahr 2025 die sozialen Medien. Beiträge mit hochwertigen Bildern, Videos, Infografiken oder GIFs erzielen tendenziell mehr Engagement als textbasierte Beiträge. Erstellen Sie visuell ansprechende Inhalte, die eine Geschichte erzählen oder Ihre Botschaft auf einprägsame Weise vermitteln.

Beispielsweise können Videos mit Blicken hinter die Kulissen, Kundenstimmen und Infografiken mit wichtigen Statistiken das Engagement erheblich steigern. Darüber hinaus kann die Verwendung von Tools wie Canva oder Adobe Spark zur Erstellung professioneller Grafiken Ihre Beiträge aufwerten.

3. Nutzen Sie benutzergenerierte Inhalte (UGC):
    - UGC ist ein starker Treiber für das Engagement, da es Ihr Publikum direkt in den Prozess der Inhaltserstellung einbezieht. Ermutigen Sie Ihre Follower, ihre Erfahrungen mit Ihrer Marke zu teilen, indem Sie Kampagnen erstellen, die zum Mitmachen einladen, wie zum Beispiel Fotowettbewerbe, Rezensionen oder Hashtag-Challenges. Durch das erneute Posten von UGC werden nicht nur authentische Inhalte erstellt, sondern auch ein Gemeinschaftsgefühl aufgebaut, da sich Benutzer stärker mit Ihrer Marke verbunden fühlen, wenn ihre Inhalte vorgestellt werden.

4. Geschichten erzählen:
    - Geschichtenerzählen weckt Emotionen und fördert eine tiefere Verbindung zu Ihrem Publikum. Anstatt nur Produkte oder

Dienstleistungen zu bewerben, erzählen Sie Geschichten über die Reise Ihrer Marke, Ihres Teams oder der Kunden, die von Ihren Produkten profitieren. Authentische Geschichten finden Anklang und tragen zum Aufbau der Markentreue bei. Plattformen wie Instagram Stories, TikTok und Facebook bieten kreative Tools für das Geschichtenerzählen in Kurzform, während Blogs und LinkedIn-Artikel für längere, narrative Inhalte effektiv sein können.

5. Verwenden Sie starke Calls-to-Action (CTAs):
 - Jeder Beitrag sollte einen klaren Zweck haben und CTAs helfen dabei, Ihr Publikum zu diesem Zweck zu führen. Ganz gleich, ob Sie Ihre Follower auffordern, Ihre Website zu besuchen, einen Beitrag zu kommentieren oder ihre Meinung mitzuteilen, CTAs fördern das Engagement. Machen Sie Ihre CTAs umsetzbar und spezifisch, wie zum Beispiel „Kommentieren Sie unten mit Ihren Gedanken", „Markieren Sie einen Freund, der das sehen muss" oder „Klicken Sie auf den Link in unserer Biografie, um mehr zu erfahren."

Nutzung interaktiver Funktionen

Interaktive Funktionen sind bahnbrechend für die Steigerung des Engagements, da sie Interaktion, Feedback und Teilnahme in Echtzeit fördern. Social-Media-Plattformen führen ständig neue interaktive Tools ein, um die Nutzer zu motivieren. Durch die Nutzung dieser Funktionen können Sie ein dynamischeres und partizipativeres Social-Media-Erlebnis schaffen.

1. Umfragen und Quiz:

   - Umfragen und Quiz sind unterhaltsame und unkomplizierte Möglichkeiten, Ihr Publikum einzubeziehen. Auf Plattformen wie Instagram Stories, Twitter und LinkedIn können Sie Fragen stellen, die zu sofortigem Feedback von Ihrem Publikum einladen. Umfragen steigern nicht nur das Engagement, sondern liefern auch wertvolle Einblicke in die Vorlieben und Meinungen Ihrer Follower. Nutzen Sie sie, um nach Produktmerkmalen, Branchentrends oder sogar unbeschwerten Themen zu fragen, die zur Persönlichkeit Ihrer Marke passen.

2. Live-Streaming:

   – Live-Streaming ist zu einem Eckpfeiler des Engagements auf Plattformen wie Instagram, Facebook und YouTube geworden. Live-Videos fördern die Interaktion mit Ihrem Publikum in Echtzeit und erzeugen ein Gefühl von Unmittelbarkeit und Authentizität. Nutzen Sie Live-Streaming, um Frage-und-Antwort-Runden, Produkteinführungen, Tutorials oder Inhalte hinter den Kulissen zu veranstalten. Ermutigen Sie die Zuschauer, während des Streams Fragen zu stellen, um die Unterhaltung interaktiv zu halten. Live-Videos erhalten aufgrund ihres spontanen und nicht geschriebenen Charakters oft ein höheres Interesse als vorab aufgezeichnete Inhalte.

3. Interaktive Aufkleber und Widgets:
 - Plattformen wie Instagram Stories und TikTok bieten interaktive Sticker und Widgets, die es Benutzern ermöglichen, direkt mit Ihren Inhalten zu interagieren. Beispielsweise sind Fragefelder, Emoji-Schieberegler und Countdown-Timer hervorragende Tools zur Förderung des Engagements. Diese Funktionen machen Ihre Inhalte nicht nur ansprechender, sondern laden Benutzer auch dazu ein, aktiv teilzunehmen, anstatt sie passiv zu konsumieren.

4. Wettbewerbe und Giveaways:

- Social-Media-Wettbewerbe und Giveaways sind bewährte Methoden, um das Engagement zu steigern und Ihre Reichweite zu vergrößern. Die Wettbewerbe können von einfachen Like-and-Share-Gewinnspielen bis hin zu komplexeren Herausforderungen wie der Einreichung von Fotos oder Hashtag-Wettbewerben reichen. Sie motivieren Nutzer zur Interaktion mit Ihren Inhalten und bieten ihnen dafür eine konkrete Belohnung. Stellen Sie sicher, dass die Regeln einfach sind und der Preis den Interessen Ihrer Zielgruppe entspricht.

Aufbau und Pflege von Gemeinschaften

Bei den sozialen Medien geht es nicht nur darum, Ihre Botschaft zu verbreiten – es geht auch darum, Beziehungen aufzubauen und das Zugehörigkeitsgefühl bei Ihrem Publikum zu fördern. Starke Communities schaffen treue Follower, die sich für Ihre Marke einsetzen und dabei helfen, sie bekannter zu machen. So bauen Sie eine Community rund um Ihre Social-Media-Präsenz auf und pflegen sie:

1. Fördern Sie echte Gespräche:
   - Der Aufbau einer Community beginnt mit der Förderung von Gesprächen. Ermutigen Sie Ihr Publikum, sich zu engagieren, indem Sie Fragen stellen, Meinungen einholen oder Diskussionen zu relevanten Themen einladen. Wenn Ihre Follower Ihre Beiträge kommentieren, nehmen Sie sich die Zeit, nachdenklich zu antworten. Wenn Sie Ihr Publikum anerkennen und mit ihm in Kontakt treten, fühlen Sie sich wertgeschätzt und Ihre Social-Media-Kanäle werden zu einem Raum für Dialog statt einseitiger Kommunikation.

2. Erstellen Sie private oder exklusive Gruppen:
   - Plattformen wie Facebook, LinkedIn und Reddit bieten die Möglichkeit, private Gruppen oder Foren zu erstellen, in denen sich Gleichgesinnte vernetzen können. Erwägen Sie die Gründung einer Gruppe, die zur Mission Ihrer Marke oder Ihrer Branchennische passt. Beispielsweise könnte eine Fitnessmarke eine „Healthy Living Community" gründen, in der Follower Tipps, Erfahrungen und Motivation austauschen. Diese Gruppen bieten eine intime Umgebung, um tiefere Verbindungen zu fördern und Diskussionen zu ermöglichen, die über Ihre öffentlich zugänglichen Inhalte hinausgehen.

3. Interagieren Sie mit Influencern und Befürwortern:

- Influencer und Markenbefürworter können maßgeblich zum Aufbau Ihrer Social-Media-Community beitragen. Arbeiten Sie mit Influencern zusammen, die mit Ihren Markenwerten übereinstimmen, um ein breiteres Publikum zu erreichen und die Glaubwürdigkeit zu steigern. Achten Sie auch auf treue Follower, die häufig mit Ihrer Marke interagieren, und engagieren Sie sich mit ihnen. Wenn Sie sie in Ihren Beiträgen erwähnen oder ihnen exklusive Vergünstigungen anbieten, stärken Sie ihre Verbindung zu Ihrer Marke und fördern die kontinuierliche Interessenvertretung.

4. Veranstalten Sie virtuelle Veranstaltungen:

- Das Veranstalten virtueller Veranstaltungen wie Webinare, Workshops oder Podiumsdiskussionen ist eine hervorragende Möglichkeit, Ihre Community auf einer tieferen Ebene einzubinden. Diese Veranstaltungen bieten Ihrem Publikum einen Mehrwert und geben ihm gleichzeitig einen Grund, zusammenzukommen und Kontakte zu knüpfen. Bewerben Sie die Veranstaltung auf Ihren sozialen Plattformen und ermutigen Sie die Teilnehmer, Fragen zu stellen oder in Echtzeit teilzunehmen.

Verwalten von Kundeninteraktionen und Feedback

Wie Sie mit Kundeninteraktionen und Feedback in sozialen Medien umgehen, kann den Ruf Ihrer Marke erheblich beeinflussen. Soziale Medien sind oft die erste Anlaufstelle für Kunden, wenn es um Anfragen, Support oder sogar Beschwerden geht. Die effektive Verwaltung dieser Interaktionen ist der Schlüssel zum Aufbau von Vertrauen und zur Aufrechterhaltung einer positiven Beziehung zu Ihrem Publikum.

1. Seien Sie reaktionsschnell und pünktlich:

- In der heutigen schnelllebigen digitalen Welt ist es von entscheidender Bedeutung, umgehend auf Kommentare, Nachrichten und Bewertungen zu reagieren. Kunden erwarten schnelle Antworten, insbesondere wenn sie Fragen oder Bedenken äußern. Richten Sie Benachrichtigungen ein oder nutzen Sie Social-Media-Management-Tools, um sicherzustellen, dass Sie schnell reagieren. Eine zeitnahe Antwort zeigt, dass Ihnen Ihr Publikum am Herzen liegt und Sie auf seine Bedürfnisse eingehen.

2. Behalten Sie einen einheitlichen Ton bei:
 - Bei der Verwaltung von Kundeninteraktionen ist es wichtig, einen einheitlichen Ton beizubehalten, der die Stimme Ihrer Marke widerspiegelt. Ganz gleich, ob Sie auf ein Lob antworten oder eine Beschwerde ansprechen: Ihr Ton sollte professionell, einfühlsam und im Einklang mit Ihrer Markenidentität sein. Beispielsweise kann eine unbeschwerte, unterhaltsame Marke den Antworten Humor verleihen, aber wenn es um ein ernstes Problem geht, ist es wichtig, respektvoll und verständnisvoll zu sein.

3. Verwandeln Sie negatives Feedback in Chancen:
 - Negatives Feedback in den sozialen Medien ist unvermeidlich, aber wie Sie damit umgehen, kann den entscheidenden Unterschied machen. Anstatt kritische Kommentare zu ignorieren oder zu löschen, betrachten Sie sie als Gelegenheit, Transparenz und Verantwortung zu zeigen. Entschuldigen Sie sich bei Bedarf, bieten Sie Lösungen an und führen Sie das Gespräch bei Bedarf in eine private Nachricht um, um das Problem zu lösen. Eine konstruktive Reaktion auf negatives Feedback kann zeigen, dass Sie Ihre Kunden wertschätzen und sich für Verbesserungen einsetzen.

4. Nutzen Sie Feedback, um Ihre Strategie zu verbessern:
   - Kundenfeedback ist eine Goldgrube, um zu verstehen, was funktioniert und was nicht. Achten Sie auf wiederkehrende Themen in den Kommentaren, Nachrichten und Rezensionen Ihres Publikums. Dieses Feedback kann Ihnen dabei helfen, Bereiche zu identifizieren, in denen Ihr Produkt oder Ihre Dienstleistung verbessert werden kann, Lücken in Ihrer Content-Strategie oder neue Möglichkeiten zur Interaktion. Durch die regelmäßige Überprüfung des Feedbacks bleiben Sie auf dem Laufenden über die Bedürfnisse Ihres Publikums und können Ihre Social-Media-Strategie entsprechend anpassen.

5. Erstellen Sie einen Feedback-Kalender:
   - Um Feedback effektiv zu verwalten, sollten Sie die Erstellung eines Feedback-Kalenders in Betracht ziehen, in dem Sie Kundenanfragen, Bewertungen und Kommentare systematisch verfolgen und darauf reagieren. Nehmen Sie sich täglich oder wöchentlich Zeit, um alle Social-Media-Interaktionen zu überprüfen und sicherzustellen, dass keine Kommentare unbeantwortet bleiben. Ein Feedback-Kalender hilft Ihnen auch dabei, Muster im

Kundenverhalten zu erkennen und Ihre allgemeine Engagement-Strategie zu verbessern.

Kapitel 5

Nutzung beliebter Plattformen

Da sich die sozialen Medien ständig weiterentwickeln, ist die Beherrschung einzelner Plattformen für den Erfolg im Jahr 2025 von entscheidender Bedeutung. Jede Plattform verfügt über einzigartige Funktionen, Zielgruppen und Engagement-Strategien, die Unternehmen nutzen können, um Sichtbarkeit und Engagement zu steigern und letztendlich das Wachstum voranzutreiben. In diesem Kapitel erfahren Sie, wie Sie das Potenzial von acht der beliebtesten Social-Media-Plattformen nutzen können: Instagram, Facebook, TikTok, LinkedIn, Twitter, YouTube, Pinterest und Snapchat. Wenn Sie die Nuancen jeder Plattform verstehen, können Sie Ihre Inhalte und Kampagnen so anpassen, dass sie die Wirkung maximieren und Ihre digitale Präsenz skalieren.

Instagram: Visuelle Storytelling- und Shopping-Funktionen

Instagram hat sich als eine der Top-Plattformen für Marken etabliert, die auf visuelle Attraktivität setzen. Mit über einer Milliarde aktiven Nutzern lebt Instagram von atemberaubenden Bildern, fesselndem Storytelling und Influencer-Kooperationen. Im Jahr 2025 ist Instagram nicht nur eine Plattform für den persönlichen Ausdruck; Es ist eine Drehscheibe für Markenentdeckung, Shopping und Community-Engagement.

1. Visuelles Geschichtenerzählen:
   - Der Kern des Erfolgs von Instagram ist seine Fähigkeit, kraftvolle Geschichten durch visuelle Elemente zu vermitteln. Marken, die auf Instagram glänzen, nutzen hochwertige Bilder, Videos und Reels, um ihr Publikum zu fesseln. Von Inhalten hinter den Kulissen bis hin zu Influencer-Partnerschaften ist Instagram ideal, um die Persönlichkeit Ihrer Marke zu präsentieren und emotionale Verbindungen zu Ihren Followern herzustellen. Ein konsistentes visuelles Branding – durch eine zusammenhängende Farbpalette, Typografie und Stil – ist für den Aufbau einer wiedererkennbaren und einprägsamen Präsenz unerlässlich.

2. Einkaufsfunktionen:

- Die Shopping-Tools von Instagram haben den E-Commerce in den sozialen Medien revolutioniert. Im Jahr 2025 ermöglichen Funktionen wie Instagram Shops, Produkt-Tags und die Checkout-Funktion Benutzern das Durchsuchen und Kaufen von Produkten, ohne die App zu verlassen. Dadurch entsteht ein nahtloses Einkaufserlebnis, das Reibungsverluste in der Customer Journey reduziert. Marken können auch die AR-Filter von Instagram nutzen, um das Einkaufserlebnis zu verbessern, indem sie Benutzern ermöglichen, Produkte wie Make-up oder Sonnenbrillen virtuell „anzuprobieren". Diese Funktionen machen Instagram zu einer erstklassigen Plattform für Marken, die ihren Umsatz steigern und die Markentreue erhöhen möchten.

3. Instagram-Geschichten und -Reels:
 - Instagram Stories und Reels dominieren weiterhin die Plattform und bieten mundgerechte, ansprechende Inhalte, die über die Explore-Seite sowohl Ihre Follower als auch neue Zielgruppen erreichen können. Stories bieten einen lockereren Blick hinter die Kulissen Ihrer Marke, während Reels mit ihrem rasanten, algorithmischen Format ideal dafür geeignet sind, virales Potenzial zu erreichen. Die Integration dieser Funktionen in

Ihre Strategie ist entscheidend, um im Jahr 2025 wettbewerbsfähig zu bleiben.

Facebook: Werbekampagnen und Gruppenengagement

Mit fast drei Milliarden monatlich aktiven Nutzern bleibt Facebook ein Moloch in der Social-Media-Landschaft. Auch wenn das Publikum im Vergleich zu Plattformen wie TikTok etwas älter geworden ist, ist Facebook aufgrund seiner robusten Werbefunktionen und Community-Building-Tools für Unternehmen unverzichtbar.

1. Werbekampagnen:
 - Die Werbeplattform von Facebook ist eines der fortschrittlichsten und effektivsten Tools, die Vermarktern zur Verfügung stehen. Mit äußerst detaillierten Targeting-Optionen können Marken Anzeigen erstellen, die bestimmte demografische Merkmale, Verhaltensweisen und Interessen erreichen. Ganz gleich, ob Sie für ein neues Produkt werben, Leads generieren oder den Website-Traffic steigern möchten, Facebook-Anzeigen bieten eine Reihe von Formaten, von Karussellanzeigen und Videoanzeigen bis hin zu Formularen zur

Lead-Generierung. Die Möglichkeit, Website-Besucher erneut anzusprechen und Lookalike Audiences zu erstellen, sorgt für eine zusätzliche Präzision, die Facebook-Anzeigen zu einem Muss für Unternehmen macht, die ihre Werbeausgaben optimieren und den ROI maximieren möchten.

2. Gruppenengagement:
   - Facebook-Gruppen erfreuen sich immer größerer Beliebtheit, da sie Gemeinschaften rund um gemeinsame Interessen oder Anliegen fördern. Marken können Gruppen gründen oder daran teilnehmen, um direkt mit ihrem Publikum in Kontakt zu treten, Loyalität aufzubauen und durch Inhalte, Diskussionen und exklusive Angebote Mehrwert zu schaffen. Gruppen bieten eine intimere Umgebung, in der Follower das Gefühl haben, sich auf einer tieferen Ebene mit Ihrer Marke zu verbinden, Fragen zu stellen, Feedback zu geben und sich sogar für Sie einzusetzen.

3. Facebook Live:
   - Live-Videos waren ein wichtiger Faktor für das Engagement auf Facebook und bleiben auch im Jahr 2025 ein unverzichtbares Feature für

Vermarkter. Die Ausrichtung von Live-Events, Frage-und-Antwort-Runden oder Produkteinführungen ermöglicht die Interaktion mit Ihrem Publikum in Echtzeit und trägt dazu bei, ein Gefühl von Dringlichkeit und Exklusivität zu vermitteln.

TikTok: Kurzinhalte und virale Trends

Der kometenhafte Aufstieg von TikTok hat es für Marken, die ein jüngeres Publikum erreichen möchten, unübersehbar gemacht. Mit über einer Milliarde aktiven Nutzern, vor allem der Generation Z und Millennials, ist TikTok die Plattform der Wahl für virale Inhalte und Kurzvideos. Im Jahr 2025 ist TikTok nicht nur ein Ort der Unterhaltung; Hier bauen Marken kulturelle Relevanz und Authentizität auf.

1. Inhalt in Kurzform:
   - Die Stärke von TikTok liegt in seinen kurzen, unterhaltsamen Videos, die in Sekundenschnelle Aufmerksamkeit erregen. Marken, die auf TikTok erfolgreich sind, setzen auf Kreativität, Humor und Authentizität. Der Algorithmus der Plattform ist darauf ausgelegt, Inhalte auf der Grundlage des Engagements und nicht der Anzahl der Follower zu bewerben, was es neuen Marken erleichtert,

Bekanntheit zu erlangen. Egal, ob Sie an Trends teilhaben, Bildungsinhalte erstellen oder Produkte präsentieren – TikTok bietet endlose Möglichkeiten, ein riesiges, engagiertes Publikum zu erreichen.

2. Virale Trends:
– Für den Erfolg auf TikTok ist es wichtig, über virale Trends auf dem Laufenden zu bleiben. Marken können an Trendherausforderungen teilnehmen, beliebte Sounds verwenden oder ihre eigenen Markenherausforderungen erstellen, um die Teilnahme der Benutzer zu fördern. Da TikTok von einer sich ständig verändernden Meme- und Trendlandschaft angetrieben wird, sind Flexibilität und Experimentierfreude von entscheidender Bedeutung. Diese Plattform belohnt Marken, die den aktuellen kulturellen Zeitgeist aufgreifen und gleichzeitig ihre Authentizität bewahren können.

3. Influencer-Partnerschaften:
– Die Zusammenarbeit mit TikTok-Influencern ist eine der effektivsten Möglichkeiten, etablierte Zielgruppen zu erschließen und die Glaubwürdigkeit der Marke zu erhöhen. Influencer können ansprechende Inhalte erstellen, die bei ihren Followern Anklang finden und es Ihrer

Marke ermöglichen, neue Kunden auf organische und authentische Weise zu erreichen.

LinkedIn: Professionelles Networking und Thought Leadership

LinkedIn ist die führende Plattform für B2B-Marketing, Networking und den Aufbau einer Vordenkerrolle. Mit über 800 Millionen Nutzern ist LinkedIn der Ort, an dem Fachleute Kontakte knüpfen, Brancheneinblicke austauschen und ihre persönlichen und beruflichen Marken aufbauen.

1. Professionelles Networking:
   - LinkedIn ist die perfekte Plattform für die Vernetzung mit anderen Fachleuten, Branchenführern und potenziellen Kunden. Für Unternehmen trägt die Aufrechterhaltung einer aktiven LinkedIn-Präsenz dazu bei, Glaubwürdigkeit und Autorität in Ihrer Nische aufzubauen. Sie können branchenspezifischen Gruppen beitreten, sich mit Influencern vernetzen und an Diskussionen teilnehmen, die das Profil Ihrer Marke schärfen.

2. Gedankenführung:

- Um Ihre Marke als Vordenker auf LinkedIn zu etablieren, müssen Sie regelmäßig wertvolle Inhalte teilen, die Ihr Publikum aufklären, informieren oder inspirieren. Das Veröffentlichen von Artikeln, das Teilen von Branchenberichten und das Mitwirken an aktuellen Diskussionen sind alles Möglichkeiten, sich einen Ruf als vertrauenswürdige Autorität aufzubauen. Thought Leadership auf LinkedIn trägt dazu bei, Ihre Marke an der Spitze Ihrer Branche zu positionieren und Türen für neue Möglichkeiten und Partnerschaften zu öffnen.

3. LinkedIn-Anzeigen:
 - LinkedIn Ads bieten Targeting-Optionen, die ideal für B2B-Vermarkter sind, einschließlich Targeting nach Berufsbezeichnung, Branche und Unternehmensgröße. Mit gesponserten Inhalten, InMails und dynamischen Anzeigen können Sie Ihre Produkte oder Dienstleistungen direkt bei Entscheidungsträgern bewerben.

Twitter: Echtzeit-Engagement und Trends

Twitter ist die Plattform für Echtzeitgespräche, aktuelle Nachrichten und kulturelle Kommentare. Marken, die sich auf Twitter auszeichnen, reagieren schnell, beteiligen sich an zeitgemäßen Gesprächen und tragen zu Trendthemen bei.

1. Echtzeit-Engagement:
   – Die schnelllebige Umgebung von Twitter erfordert von Marken Reaktionsfähigkeit und Agilität. Echtzeit-Engagement auf Twitter kann Marken dabei helfen, mit Followern in Kontakt zu treten, Kundendienstanfragen zu beantworten und sich an laufenden Gesprächen zu beteiligen. Marken, die in Echtzeit aktiv mit ihrem Publikum interagieren, erzeugen ein Gefühl der Unmittelbarkeit und Relevanz, das entscheidend ist, um im Gedächtnis zu bleiben.

2. Trends und Hashtags:
   – Die Nutzung trendiger Hashtags ist eine der effektivsten Möglichkeiten, die Sichtbarkeit auf Twitter zu erhöhen. Durch die Teilnahme an Trendgesprächen oder die Erstellung eigener Marken-Hashtags können Sie ein größeres Publikum ansprechen und die Bekanntheit Ihrer Marke steigern. Der Algorithmus von Twitter priorisiert Trendthemen. Wenn Sie Ihre Inhalte also an den aktuell diskutierten Themen ausrichten, können Sie viral gehen.

3. Twitter-Chats:

- Das Hosten oder die Teilnahme an Twitter-Chats ist eine großartige Möglichkeit, mit Ihrem Publikum in Kontakt zu treten und Fachwissen auszutauschen. Twitter-Chats ermöglichen es Marken, Diskussionen zu branchenspezifischen Themen zu ermöglichen, Fragen zu beantworten und Beziehungen zu potenziellen Kunden aufzubauen.

YouTube: Videomarketing und Content-Monetarisierung

YouTube bleibt mit über zwei Milliarden monatlich aktiven Nutzern die dominierende Plattform für lange Videoinhalte. Egal, ob Sie Produktdemos, Lehrvideos oder Unterhaltungsinhalte erstellen, YouTube ist für das Videomarketing im Jahr 2025 unverzichtbar.

1. Videomarketing:
   - Videos gehören nach wie vor zu den ansprechendsten Inhaltsformen und YouTube bietet eine beispiellose Reichweite. Marken können YouTube nutzen, um ausführliche Produktdemonstrationen, Tutorials, Inhalte hinter den Kulissen oder Kundenstimmen zu teilen. Konsistenz ist der Schlüssel zum Aufbau einer treuen YouTube-Fangemeinde, daher ist die

Einhaltung eines regelmäßigen Veröffentlichungsplans und die Optimierung von Videos für SEO entscheidend für den Erfolg.

2. Monetarisierung von Inhalten:
– YouTube bietet verschiedene Monetarisierungsoptionen für Marken und YouTuber, darunter Werbeeinnahmen, gesponserte Inhalte und Kanalmitgliedschaften. Da immer mehr Verbraucher Videoinhalte zur Unterhaltung und Bildung nutzen, kann die Monetarisierung Ihrer YouTube-Präsenz eine zusätzliche Einnahmequelle sein.

Pinterest: Visuelle Entdeckung und Traffic steigern

Pinterest ist eine visuelle Suchmaschine, die sich dadurch auszeichnet, dass sie den Traffic auf Websites steigert. Mit über 400 Millionen monatlich aktiven Nutzern ist Pinterest perfekt für Marken, die auf optisch ansprechende Produkte oder Dienstleistungen wie Mode, Wohndekoration oder Lebensmittel setzen.

1. Visuelle Entdeckung:
 - Pinterest-Nutzer suchen aktiv nach Inspiration und Ideen, was es zu einer idealen Plattform für

Marken macht, die visuell ansprechende Inhalte präsentieren möchten. Hochwertige Bilder und Infografiken, die auf Ihre Website verweisen, können den Traffic erheblich steigern. Die SEO-Fähigkeiten von Pinterest machen es auch zu einem effektiven Werkzeug, um neue Zielgruppen zu erreichen.

2. Verkehrsaufkommen:
   - Jeder Pin auf Pinterest fungiert als Link zurück zu Ihrer Website und ist somit eine hervorragende Plattform zur Steigerung des Website-Verkehrs. Indem Sie Ihre Pins mit relevanten Schlüsselwörtern optimieren und optisch ansprechende Boards erstellen,

3. Inhaltsorganisation durch Boards:
   - Eine der größten Stärken von Pinterest liegt in der Fähigkeit, Benutzern bei der Organisation ihrer visuellen Inhalte zu helfen. Marken können Pinterest-Boards nutzen, um kuratierte Sammlungen zu bestimmten Themen, Trends oder Produktkategorien zu erstellen. Beispielsweise könnte eine Modemarke separate Boards für saisonale Kollektionen, Styling-Tipps und Inhalte hinter den Kulissen haben. Gut organisierte Boards erleichtern Benutzern das Entdecken Ihrer Inhalte und erhöhen die

Wahrscheinlichkeit von Interaktionen und Zugriffen auf Ihre Website.

4. Kaufbare Pins:

– In den letzten Jahren hat Pinterest seine E-Commerce-Funktionen um Shoppable Pins erweitert. Diese ermöglichen es Benutzern, Produkte direkt über einen Pin zu kaufen, wodurch die Reibung im Kaufprozess verringert wird. Im Jahr 2025 sind Shoppable Pins wichtiger denn je und machen Pinterest nicht nur zu einer Plattform für Inspiration, sondern auch zu einem leistungsstarken Tool, um Nutzer in Kunden zu verwandeln. Marken sollten sicherstellen, dass ihre Produktbilder klar, detailliert und verlockend sind und einen starken Call-to-Action enthalten, um Klicks und Conversions zu fördern.

5. Pinterest-Anzeigen:

- Pinterest bietet auch eine Reihe kostenpflichtiger Werbemöglichkeiten, um Ihre Reichweite zu erhöhen. Gesponserte Pins, Videoanzeigen und Karussellanzeigen können dazu beitragen, dass Ihre Inhalte im Feed hervorstechen. Aufgrund des visuellen Charakters der Plattform und des Fokus auf Entdeckung können sich gut umgesetzte Anzeigen nahtlos in die Suchanfragen und Feeds der Nutzer einfügen und gleichzeitig messbare Ergebnisse erzielen.

Snapchat: Augmented Reality und interaktive Anzeigen

Snapchat bleibt eine beliebte Plattform bei jüngeren Zielgruppen, insbesondere bei der Generation Z, und hat sich seine Nische durch ansprechende, kurzlebige Inhalte erobert. Snapchat ist für seinen innovativen Einsatz von Augmented Reality (AR) und Filtern bekannt und ein Spielplatz für Marken, die immersive und interaktive Erlebnisse schaffen möchten.

1. Augmented Reality (AR)-Funktionen:
   - Eine der herausragenden Funktionen von Snapchat sind seine AR-Funktionen, die es Benutzern ermöglichen, mithilfe ihrer Smartphone-Kameras virtuelle Objekte in die reale Welt einzublenden. Marken haben die AR-Linsen und -Filter von Snapchat erfolgreich eingesetzt, um immersive Erlebnisse zu schaffen, wie zum Beispiel virtuelle Anproben von Schönheits- und Modeprodukten, Markenspiele und interaktive Funktionen, die Benutzer dazu ermutigen, sich auf kreative Weise mit ihrer Marke auseinanderzusetzen. Im Jahr 2025 wird AR auf

Snapchat voraussichtlich noch ausgefeilter werden und Vermarktern endlose Möglichkeiten bieten, einprägsame und teilbare Inhalte zu erstellen.

2. Interaktive Anzeigen:

- Die Werbeangebote von Snapchat sind darauf ausgelegt, Benutzer auf unterhaltsame und interaktive Weise anzusprechen. Ob durch Snap Ads (vertikale Videoanzeigen im Vollbildmodus), Sponsored Lenses oder interaktive Snapmap-Kampagnen – Marken haben die Möglichkeit, ihre Botschaften in die alltäglichen Erlebnisse der Snapchat-Nutzer zu integrieren. Diese Anzeigen wirken oft weniger aufdringlich als herkömmliche Formate, wodurch die Wahrscheinlichkeit größer ist, dass sie das Engagement fördern. Interaktive Anzeigen können Benutzer auch dazu auffordern, bestimmte Aktionen auszuführen, z. B. Ihre Website zu besuchen, eine App herunterzuladen oder ein Produkt direkt über die Anzeige zu kaufen.

3. Vergänglicher Inhalt:

- Die Kernfunktion von Snapchat – kurzlebige Inhalte, die nach 24 Stunden verschwinden –

fördert ein Gefühl von Dringlichkeit und Exklusivität. Marken können dies nutzen, indem sie zeitlich begrenzte Angebote, Flash-Sales oder Inhalte hinter den Kulissen teilen, die persönlicher und intimer wirken. Die Flüchtigkeit des Inhalts veranlasst Benutzer zu schnellem Handeln, was ein starker Motivator für Engagement und Konversion sein kann.

4. Snapchat Discover und Spotlight:
   – Marken können ihr Publikum auch über Snapchat Discover und Spotlight ansprechen, die kuratierte Inhalte und benutzergenerierte Videos bieten. Discover ermöglicht es Marken, lange Inhalte, Nachrichten und Unterhaltung zu veröffentlichen, während Spotlight virale benutzergenerierte Inhalte präsentiert, ähnlich dem Ansatz von TikTok. Beide Funktionen bieten Marken zusätzliche Möglichkeiten, durch Storytelling und kreative Inhalte mit Nutzern in Kontakt zu treten.

Kapitel 6

Analysen und Leistungsmetriken

In der schnelllebigen und sich ständig weiterentwickelnden Welt des Social-Media-Marketings hängt der Erfolg von Ihrer Fähigkeit zur Verfolgung, Analyse und Anpassung ab. Es reicht nicht aus, einfach nur ansprechende Inhalte zu erstellen und mit Ihrem Publikum zu interagieren; Für die Skalierung Ihrer digitalen Präsenz ist es entscheidend zu verstehen, wie Ihre Bemühungen funktionieren. Um dies zu erreichen, müssen Unternehmen über ein fundiertes Verständnis von Analysen und Leistungskennzahlen verfügen. Im Jahr 2025 sind datengesteuerte Strategien wichtiger denn je. Vermarkter nutzen Erkenntnisse, um ihren Ansatz zu verfeinern, das Engagement zu optimieren und greifbare Ergebnisse zu erzielen.

Verfolgen wichtiger Kennzahlen

Das Verstehen und Verfolgen der richtigen Kennzahlen ist die Grundlage jeder erfolgreichen Social-Media-Strategie. Diese Kennzahlen liefern ein klares Bild davon, wie gut Ihre Inhalte funktionieren, wie Ihr Publikum damit interagiert und ob Ihre Ziele erreicht werden. Indem Sie sich auf bestimmte Key Performance Indicators (KPIs) konzentrieren, können Sie beurteilen, ob Ihre Social-Media-Marketingbemühungen zu Ergebnissen führen und zu Ihren umfassenderen Geschäftszielen beitragen.

1. Engagement-Kennzahlen:
 - Zu den Engagement-Metriken gehören Likes, Kommentare, Shares und direkte Interaktionen mit Ihren Inhalten. Diese Kennzahlen spiegeln wider, wie Ihr Publikum auf Ihre Beiträge reagiert. Hohe Engagement-Raten weisen im Allgemeinen darauf hin, dass Ihre Inhalte bei Ihrem Publikum Anklang finden und zur Interaktion anregen. Engagement-Kennzahlen sind ein wichtiger Indikator dafür, wie gut Sie sich mit Ihrer Community verbinden.

2. Reichweite und Impressionen:
 - Die Reichweite bezieht sich auf die Anzahl der einzelnen Benutzer, die Ihre Inhalte sehen, während Impressionen die Gesamtzahl der Anzeige Ihrer Inhalte angeben. Durch die Verfolgung dieser Kennzahlen können Sie die Sichtbarkeit Ihrer Inhalte und deren Verbreitung

auf einer Plattform nachvollziehen. Wenn Ihre Reichweite stetig wächst, ist das ein positives Zeichen dafür, dass Ihre Marke ihr Publikum erweitert und neue potenzielle Kunden erreicht.

3. Follower-Wachstum:

- Mithilfe von Follower-Wachstumskennzahlen können Sie die Wirksamkeit Ihrer Social-Media-Präsenz bei der Gewinnung neuer Benutzer beurteilen. Diese Kennzahl ist besonders wichtig, wenn Ihr Ziel darin besteht, Ihr Publikum zu erweitern. Auch wenn die Anzahl der Follower allein kein ausschlaggebender Maßstab für den Erfolg ist, deutet ein stetiges und organisches Wachstum darauf hin, dass Ihre Inhalte neue Nutzer ansprechen und sie dazu ermutigen, mit Ihrer Marke in Kontakt zu bleiben.

4. Click-Through-Rate (CTR):

- Die CTR misst, wie viele Benutzer auf einen Link in Ihren Social-Media-Beiträgen geklickt haben, unabhängig davon, ob dieser zu Ihrer Website, einer Produktseite oder einem Blog führt. Diese Kennzahl ist entscheidend für die Beurteilung, wie effektiv Ihre Inhalte den Traffic auf andere Plattformen lenken und das Social-Media-Engagement in umsetzbare

Ergebnisse wie Verkäufe oder Anmeldungen umwandeln.

5. Conversion-Rate:
 - Die Conversion-Rate ist der Prozentsatz der Benutzer, die nach der Interaktion mit Ihren Inhalten eine gewünschte Aktion ausführen, z. B. einen Kauf tätigen, sich für einen Newsletter anmelden oder eine Ressource herunterladen. Die Verfolgung dieser Kennzahl hilft Ihnen zu verstehen, wie gut Ihre Social-Media-Kampagnen in reale Ergebnisse umgesetzt werden, die sich auf das Endergebnis Ihres Unternehmens auswirken.

6. Cost-per-Click (CPC) und Cost-per-Acquisition (CPA):
 - Für Unternehmen, die bezahlte Social-Media-Kampagnen durchführen, misst der CPC, wie viel Sie für jeden Klick auf Ihre Anzeige zahlen, während sich der CPA auf die Kosten für die Gewinnung eines neuen Kunden durch Social-Media-Marketing bezieht. Durch die Überwachung dieser Kennzahlen können Sie Ihre Werbeausgaben optimieren und sicherstellen, dass Sie einen positiven Return on Investment (ROI) für Ihre bezahlten Kampagnen erzielen.

Analyse von Engagement und Wachstum

Das Verfolgen von Kennzahlen ist nur die halbe Miete. Die wahre Stärke der Social-Media-Analyse liegt in Ihrer Fähigkeit, die Daten zu interpretieren und sie als Grundlage für zukünftige Strategien zu nutzen. Durch die Analyse von Engagement- und Wachstumstrends im Laufe der Zeit können Sie tiefere Erkenntnisse darüber gewinnen, was funktioniert und was nicht.

1. Inhaltstrends identifizieren:
   - Durch die Untersuchung der Engagement-Metriken für verschiedene Arten von Beiträgen (Videos, Fotos, Geschichten, Umfragen usw.) können Sie Muster erkennen, welche Art von Inhalten bei Ihrem Publikum am besten ankommt. Wenn beispielsweise Videobeiträge durchweg ein höheres Engagement erhalten, kann dies ein Signal sein, sich in Ihrer Strategie stärker auf Videoinhalte zu konzentrieren. Ebenso kann Ihnen die Analyse der Spitzenzeiten des Engagements dabei helfen, den besten Zeitpunkt zum Posten zu ermitteln, um die Reichweite und Interaktion zu maximieren.

2. Einblicke in das Publikum:

- Die Analyse von Daten über die demografischen Merkmale Ihrer Zielgruppe, wie Alter, Geschlecht, Standort und Interessen, kann wertvolle Erkenntnisse darüber liefern, wer Ihre Zielgruppe ist und wie Sie Ihre Inhalte besser an ihre Vorlieben anpassen können. Die meisten Social-Media-Plattformen bieten detaillierte Zielgruppenanalysen, mit denen Sie Ihre Follower segmentieren und deren Verhalten besser verstehen können.

3. Messung des Wachstums im Zeitverlauf:
- Wenn Sie das Wachstum, die Reichweite und das Engagement Ihrer Follower im Laufe der Zeit verfolgen, können Sie langfristige Trends erkennen und die Wirksamkeit Ihrer Gesamtstrategie messen. Indem Sie Wachstums- oder Rückgangsphasen identifizieren, können Sie diese Veränderungen mit bestimmten Kampagnen, Beiträgen oder Strategieänderungen in Zusammenhang bringen. Diese Analyse hilft Ihnen zu verstehen, was das Wachstum antreibt und was Sie möglicherweise bremst.

4. Benchmarking:
- Das Benchmarking Ihrer Leistung mit Branchenstandards oder Mitbewerbern ist ein weiterer wichtiger Schritt bei der Analyse Ihrer

Social-Media-Bemühungen. Auf diese Weise können Sie verstehen, wie Ihre Marke im Vergleich zu anderen in Ihrer Branche abschneidet, und Bereiche identifizieren, in denen Sie sich möglicherweise verbessern müssen, um wettbewerbsfähig zu bleiben.

Anpassung von Strategien basierend auf Daten

Datengesteuertes Marketing erfordert eine kontinuierliche Verfeinerung und Anpassung. Nachdem Sie Ihre Leistungskennzahlen analysiert haben, besteht der nächste Schritt darin, Ihre Strategie anzupassen, um die Ergebnisse zu verbessern. Social-Media-Marketing ist nicht statisch und fundierte Änderungen auf der Grundlage von Analysen sind der Schlüssel, um relevant und effektiv zu bleiben.

1. Inhalte optimieren:
   - Wenn bestimmte Arten von Inhalten dauerhaft eine schlechte Leistung erbringen, ist es möglicherweise an der Zeit, Ihren Ansatz zu überdenken. Wenn Ihre textlastigen Beiträge beispielsweise nicht viel Aufmerksamkeit erregen, könnten Sie mit mehr visuellen Inhalten

experimentieren, etwa Infografiken, Videos oder bildbasierten Beiträgen. Ebenso kann die Anpassung Ihres Tons oder Ihrer Nachrichten basierend auf dem Feedback des Publikums das Engagement verbessern.

2. Erneute Erkundung der Zielgruppe:
  - Wenn Ihre Analysen ergeben, dass Sie eine Zielgruppe außerhalb Ihrer Zielgruppe anziehen, müssen Sie möglicherweise Ihre Targeting-Strategien überdenken. Passen Sie Ihre Inhalte und Anzeigen so an, dass sie besser auf die Interessen, Werte und Verhaltensweisen Ihrer gewünschten Zielgruppe abgestimmt sind. Wenn sich die neue Zielgruppe als engagierter erweist, sollten Sie alternativ Ihre allgemeine Targeting-Strategie anpassen, um dieser neuen Gruppe gerecht zu werden.

3. A/B-Tests:
  - Eine der effektivsten Möglichkeiten, Ihre Strategie anzupassen, ist die Durchführung von A/B-Tests. Dabei werden zwei Versionen eines Beitrags, einer Anzeige oder einer Kampagne mit kleinen Variationen ausgeführt, um zu sehen, welche Version besser abschneidet. Durch das Testen verschiedener Elemente – wie Bilder, Schlagzeilen oder Call-to-Action-Buttons –

können Sie ermitteln, was bei Ihrem Publikum am besten ankommt, und Ihre Inhalte entsprechend verfeinern.

4. Verbesserung bezahlter Kampagnen:
   - Durch die Analyse des ROI bezahlter Kampagnen können Sie Ihre Werbeausgaben optimieren und die Leistung verbessern. Wenn bestimmte Anzeigen eine höhere Conversion-Rate zu geringeren Kosten liefern, möchten Sie möglicherweise mehr Budget für ähnliche Kampagnen bereitstellen. Wenn umgekehrt eine Anzeige keine gute Leistung erbringt, können Sie das Targeting, die Botschaft oder die visuelle Darstellung anpassen, um die Ergebnisse zu verbessern.

Tools und Plattformen für Analytics

Es stehen zahlreiche Analysetools zur Verfügung, mit denen Sie Ihre Social-Media-Leistung verfolgen und messen können. Diese Tools sammeln nicht nur Daten, sondern liefern auch Erkenntnisse, die es Ihnen ermöglichen, fundiertere Entscheidungen zu treffen.

1. Plattformspezifische Analysen:

– Die meisten Social-Media-Plattformen bieten integrierte Analyse-Dashboards, die wertvolle Einblicke in die Leistung Ihres Kontos liefern. Zum Beispiel:
  - Instagram Insights: Bietet detaillierte Daten zu Reichweite, Impressionen, Engagement und Zielgruppendemografie.
  - Facebook Analytics: Bietet Daten zur Post-Performance, zum Seitenwachstum und zum Erfolg von Werbekampagnen.
  - Twitter Analytics: Verfolgt Tweet-Impressionen, Engagements, Follower-Wachstum und mehr.
  - LinkedIn Analytics: Bietet Einblicke in die Post-Performance, Zielgruppendemografie und Engagement-Trends.
  - YouTube Analytics: Verfolgt Videoaufrufe, Wiedergabezeit, Interaktionskennzahlen und Zielgruppendemografie.
– Diese nativen Tools sind für die Verfolgung Ihrer täglichen Leistung auf jeder Plattform unerlässlich.

2. Analysetools von Drittanbietern:
  - Für einen umfassenderen Überblick über Ihre Social-Media-Leistung auf mehreren Plattformen können Tools von Drittanbietern äußerst nützlich sein. Diese Tools liefern detaillierte Berichte und

ermöglichen Ihnen den Vergleich von Daten über verschiedene Kanäle hinweg. Zu den beliebten Tools von Drittanbietern gehören:

- Hootsuite Analytics: Bietet detaillierte Berichte über verschiedene Social-Media-Plattformen mit Einblicken in Engagement, Reichweite und Follower-Wachstum.

- Sprout Social: Bietet detaillierte Analyseberichte, Social-Listening-Tools und demografische Aufschlüsselungen der Zielgruppe.

- Google Analytics: Obwohl es sich nicht ausschließlich um ein Social-Media-Tool handelt, kann Google Analytics dabei helfen, den Social-Media-Verkehr auf Ihrer Website zu verfolgen und zu überwachen, wie gut Ihre Social-Media-Kampagnen zu Conversions führen.

- Pufferanalyse: Konzentriert sich auf die Bereitstellung einfacher und klarer Social-Media-Analysen, die Ihnen helfen, Ihre Leistung zu messen und Ihre Strategie zu verfeinern.

Kapitel 7

Werbung und Werbung

Best Practices für bezahlte Kampagnen

Die Durchführung einer erfolgreichen bezahlten Social-Media-Kampagne erfordert strategische Planung und Umsetzung. Da zahlreiche Plattformen kostenpflichtige Werbeoptionen anbieten, ist es wichtig, die Nuancen jeder Plattform zu verstehen und zu wissen, wie Sie Ihren Ansatz anpassen können, um maximale Ergebnisse zu erzielen. Hier sind einige Best Practices für die Durchführung effektiver bezahlter Kampagnen auf beliebten Plattformen:

1. Wählen Sie die richtige Plattform:
    - Jede Social-Media-Plattform bietet einzigartige Werbefunktionen, die auf unterschiedliche Zielgruppen und Kampagnenziele zugeschnitten sind. Zum Beispiel:
    - Instagram und Facebook eignen sich ideal für visuell ansprechende Anzeigen, die Steigerung der

Markenbekanntheit und den Aufbau von Communities. Die erweiterten Targeting-Funktionen von Facebook machen es zu einer vielseitigen Plattform für kleine und große Unternehmen.

- LinkedIn ist besonders effektiv für B2B-Marketing und professionelles Networking, mit Targeting-Optionen basierend auf Berufsbezeichnung, Branche und Unternehmensgröße.

– TikTok eignet sich am besten für Marken, die mit kurzen, unterhaltsamen Inhalten ein jüngeres Publikum ansprechen.

- YouTube eignet sich optimal für videobasierte Anzeigen, die die Markenbekanntheit und Produktdemonstrationen steigern können.

- Wählen Sie die Plattform aus, die zu Ihrer Zielgruppe und Ihren Kampagnenzielen passt.

2. Definieren Sie klare Ziele:

- Legen Sie vor dem Start einer bezahlten Kampagne klare, messbare Ziele fest. Zu den allgemeinen Zielen gehören die Steigerung der Markenbekanntheit, die Steigerung des Website-Verkehrs, die Generierung von Leads oder die Steigerung der Conversions. Diese Ziele bestimmen die Struktur Ihrer Werbekampagnen, einschließlich der Art der von Ihnen erstellten

Anzeigen, Ihres Budgets und der von Ihnen verfolgten Kennzahlen.

3. Segmentieren Sie Ihre Zielgruppe:
— Eine effektive Zielgruppensegmentierung ist der Schlüssel, um sicherzustellen, dass Ihre Anzeigen die richtigen Personen erreichen. Nutzen Sie die Targeting-Funktionen auf jeder Plattform, um Ihre Zielgruppe nach demografischen Merkmalen (Alter, Geschlecht, Standort), psychografischen Merkmalen (Interessen, Verhaltensweisen, Werte) und sogar Verhaltensweisen wie früheren Interaktionen mit Ihrer Marke zu segmentieren. Dadurch wird sichergestellt, dass Ihre Anzeigen bei der Zielgruppe ankommen, die am wahrscheinlichsten mit Ihren Inhalten interagiert.

4. Nutzen Sie A/B-Tests:
- Mit A/B-Tests oder Split-Tests können Sie verschiedene Versionen Ihrer Anzeigen testen, um festzustellen, welche die beste Leistung erbringt. Sie können verschiedene Elemente wie Überschriften, visuelle Elemente, Texte oder Call-to-Action-Schaltflächen (CTA) testen. Indem Sie analysieren, welche Version Ihrer Anzeige mehr Klicks, Conversions oder Interaktionen

generiert, können Sie zukünftige Kampagnen optimieren, um die Leistung zu maximieren.

5. Überwachen und optimieren:
 - Sobald Ihre Kampagne live ist, überwachen Sie kontinuierlich deren Leistung. Analysieren Sie wichtige Kennzahlen wie Click-Through-Rate (CTR), Conversion-Rate und Cost-per-Click (CPC). Basierend auf diesen Erkenntnissen können Sie Ihre Kampagneneinstellungen – wie z. B. Ihre Ausrichtung, Budgetzuweisung oder Anzeigenmotive – anpassen, um die Ergebnisse zu verbessern und den ROI zu steigern.

Budgetzuweisung und ROI

Eine der wichtigsten Komponenten einer erfolgreichen bezahlten Kampagne ist die effektive Zuweisung Ihres Budgets. Unabhängig davon, ob Sie ein kleines Unternehmen mit begrenzten Ressourcen oder eine größere Marke mit erheblichen Werbeausgaben sind, ist es für die Maximierung Ihres ROI von entscheidender Bedeutung, zu wissen, wie Sie Ihr Budget auf Plattformen und Kampagnen verteilen.

1. Legen Sie ein realistisches Budget fest:
   - Ermitteln Sie zunächst, wie viel Sie für bezahlte Kampagnen ausgeben können. Berücksichtigen Sie sowohl Ihr gesamtes Marketingbudget als auch Ihre spezifischen Ziele für jede Kampagne. Beispielsweise erfordern Kampagnen zur Markenbekanntheit möglicherweise eine größere Investition, um ein breites Publikum zu erreichen, während eine Kampagne zur Lead-Generierung möglicherweise gezielter ist und daher ein geringeres Budget erfordert.

2. Zuweisen basierend auf der Plattformleistung:
   - Verschiedene Plattformen können je nach Zielgruppe und Branche unterschiedliche Ergebnisse liefern. Weisen Sie einen größeren Teil Ihres Budgets den Plattformen zu, die ein höheres Engagement und mehr Conversions erzielen. Wenn Ihre Zielgruppe beispielsweise hauptsächlich aus Fachleuten besteht, sollten Sie einen größeren Teil Ihres Budgets für LinkedIn-Anzeigen verwenden. Wenn Sie sich auf jüngere Verbraucher konzentrieren, sollten Sie TikTok oder Instagram in Betracht ziehen.

3. Verwenden Sie die richtige Gebotsstrategie:

– Social-Media-Plattformen bieten in der Regel verschiedene Gebotsstrategien an, z. B. Cost-per-Click (CPC), Cost-per-Impression (CPM) oder Cost-per-Acquisition (CPA). Wählen Sie eine Gebotsstrategie aus, die Ihren Kampagnenzielen entspricht. Wenn Sie sich beispielsweise darauf konzentrieren, den Traffic auf Ihre Website zu steigern, ist eine CPC-Strategie möglicherweise besser geeignet, während eine CPM-Strategie für Kampagnen zur Markenbekanntheit besser geeignet sein könnte.

4. Messen Sie den ROI konsequent:

- Um sicherzustellen, dass Sie das Beste aus Ihrem Budget herausholen, überwachen Sie kontinuierlich den Return on Investment (ROI) Ihrer Kampagne. Verwenden Sie Tools wie Facebook Ads Manager oder Google Analytics, um zu messen, wie viel Umsatz Ihre Anzeigen im Verhältnis zu den Kosten für die Durchführung der Kampagne generieren. Zu den wichtigsten zu verfolgenden Kennzahlen gehören Ihr Cost-per-Conversion, der generierte Gesamtumsatz und der Gesamtgewinn der Kampagne.

5. Budget nach Bedarf neu zuweisen:

- Während der Kampagne stellen Sie möglicherweise fest, dass bestimmte Anzeigen oder Plattformen eine bessere Leistung erbringen als andere. In diesem Fall ist es wichtig, flexibel mit Ihrem Budget umzugehen. Verlagern Sie mehr Ressourcen auf leistungsstarke Kampagnen, um den ROI zu maximieren, und pausieren oder reduzieren Sie gleichzeitig die Ausgaben für leistungsschwache Kampagnen.

Targeting- und Retargeting-Techniken

Social-Media-Plattformen bieten hochentwickelte Targeting-Optionen, mit denen Sie bestimmte Segmente Ihrer Zielgruppe präzise erreichen können. Durch effektives Targeting wird sichergestellt, dass Ihre Anzeigen von den Nutzern gesehen werden, die am wahrscheinlichsten mit Ihrer Marke interagieren und Maßnahmen ergreifen. Zusätzlich zum Standard-Targeting können Sie mit Retargeting-Techniken Nutzer erreichen, die bereits Interesse an Ihrer Marke gezeigt haben, und so die Wahrscheinlichkeit einer Conversion erhöhen.

1. Demografisches und interessenbasiertes Targeting:

- Auf Plattformen wie Facebook, Instagram und LinkedIn können Sie Benutzer anhand demografischer Faktoren wie Alter, Geschlecht, Standort, Bildung und Beruf ansprechen. Sie können Benutzer auch anhand ihrer Interessen, Hobbys und Verhaltensweisen ansprechen. Wenn Sie beispielsweise Fitnessprodukte verkaufen, können Sie Nutzer ansprechen, die Interesse an Fitness- und Wellness-Inhalten gezeigt haben.

2. Verhaltens-Targeting:
- Mithilfe des Verhaltens-Targetings können Sie Benutzer auf der Grundlage ihrer Aktionen erreichen, z. B. frühere Käufe, App-Nutzung oder Interaktionen mit Ihrer Website. Indem Sie gezielt Nutzer ansprechen, die bereits Interesse an Ihrer Marke bekundet haben, können Sie die Wahrscheinlichkeit einer Conversion erhöhen. Beispielsweise kann die gezielte Ansprache von Nutzern, die Ihre Produktseite besucht, aber keinen Kauf abgeschlossen haben, eine effektive Retargeting-Strategie sein.

3. Lookalike Audiences:
- Lookalike Audiences sind Benutzer, die Eigenschaften mit Ihren bestehenden Kunden teilen. Durch die Erstellung von Lookalike Audiences können Sie Ihre Reichweite auf

Benutzer erweitern, die aufgrund ihrer Ähnlichkeit mit Ihrer aktuellen Zielgruppe wahrscheinlich an Ihrer Marke interessiert sind. Die Lookalike Audience-Funktion von Facebook ist besonders wirkungsvoll bei der Neukundengewinnung.

4. Retargeting-Kampagnen:
- Retargeting ist eine wirkungsvolle Technik, um Nutzer erneut anzusprechen, die zuvor mit Ihrer Marke interagiert haben. Unabhängig davon, ob sie Ihre Website besucht, einen Artikel in den Warenkorb gelegt oder mit Ihren Social-Media-Inhalten interagiert haben, sorgen Retargeting-Anzeigen dafür, dass Ihre Marke im Gedächtnis bleibt und Benutzer dazu ermutigt werden, die gewünschte Aktion auszuführen. Plattformen wie Facebook und Google Ads bieten Retargeting-Optionen, mit denen Sie personalisierte Anzeigen an Nutzer schalten können, die bereits Interesse an Ihren Produkten oder Dienstleistungen gezeigt haben.

Erstellen effektiver Anzeigentexte und Creatives

Selbst mit den besten Targeting- und Budgetierungsstrategien hängt der Erfolg Ihrer Kampagne letztendlich von der Qualität Ihres

Anzeigentextes und Ihrer kreativen Assets ab. Ihre Anzeige muss Aufmerksamkeit erregen, Ihr Publikum ansprechen und es zum Handeln bewegen. Die Erstellung effektiver Anzeigentexte und die Gestaltung überzeugender Grafiken sind für die Steigerung des Engagements und der Conversions von entscheidender Bedeutung.

1. Schreiben Sie einen prägnanten und überzeugenden Text:

- Bei Social-Media-Werbung ist weniger oft mehr. Ihr Anzeigentext sollte prägnant, ansprechend und auf eine klare Botschaft ausgerichtet sein. Vermeiden Sie zu komplexe Sprache und kommen Sie direkt auf den Punkt und heben Sie die wichtigsten Vorteile Ihres Produkts oder Ihrer Dienstleistung hervor. Verwenden Sie eine starke, umsetzbare Sprache, die Benutzer dazu ermutigt, den nächsten Schritt zu tun, sei es das Klicken auf einen Link, die Anmeldung oder der Kauf.

2. Erstellen Sie einen starken Call-to-Action (CTA):

- Ihr CTA ist eines der wichtigsten Elemente Ihrer Anzeige. Es sollte klar und spezifisch sein und den Benutzern genau sagen, welche Maßnahmen sie ergreifen sollen. Beispiele für effektive CTAs sind „Jetzt einkaufen", „Mehr erfahren", „Heute anmelden" oder „Erste Schritte". Stellen Sie sicher, dass Ihr CTA optisch hervorsticht und mit dem Gesamtziel Ihrer Kampagne übereinstimmt.

3. Konzentrieren Sie sich auf die visuelle Attraktivität:
- Hochwertige Bilder sind unerlässlich, um in den sozialen Medien Aufmerksamkeit zu erregen. Unabhängig davon, ob Sie Bilder, Videos oder Animationen verwenden, sollte Ihr Creative visuell ansprechend und für Ihre Marke relevant sein. Verwenden Sie leuchtende Farben, auffällige Designs und kräftige Typografie, um Ihre Anzeigen in überfüllten Feeds hervorzuheben. Stellen Sie bei Videoanzeigen sicher, dass die ersten Sekunden Aufmerksamkeit erregen, um zu verhindern, dass Benutzer vorbeiscrollen.

4. Heben Sie Alleinstellungsmerkmale (USPs) hervor:
- Ihr Anzeigentext und Ihr Bildmaterial sollten klar zum Ausdruck bringen, was Ihr Produkt oder Ihre Dienstleistung von der Konkurrenz unterscheidet. Heben Sie Ihre Alleinstellungsmerkmale (USPs) hervor, wie z. B. exklusive Features, Sonderrabatte oder zeitlich

begrenzte Angebote. Die Präsentation dieser Elemente kann zur Differenzierung Ihrer Marke beitragen und Nutzer dazu ermutigen, mit Ihrer Anzeige zu interagieren.

5. Nutzen Sie benutzergenerierte Inhalte (UGC):
 – Benutzergenerierte Inhalte wie Kundenrezensionen, Erfahrungsberichte oder von Benutzern eingereichte Fotos können Ihren Anzeigen Authentizität verleihen. UGC trägt dazu bei, Vertrauen bei Ihrem Publikum aufzubauen, indem es zeigt, dass echte Kunden Ihr Produkt oder Ihre Dienstleistung nutzen und davon profitieren. Durch die Einbindung von UGC in Ihr Anzeigenmotiv können Sie das Engagement steigern und die Conversions steigern.

Kapitel 8

Inhaltserstellung und -verwaltung

Entwicklung einer Content-Strategie

Eine solide Content-Strategie ist die Grundlage für effektives Social-Media-Marketing. Es gewährleistet Konsistenz, Relevanz und Ausrichtung auf Ihre umfassenderen Marketingziele. Bei der Entwicklung einer Content-Strategie müssen Sie zunächst Ihr Publikum, Ihre Markenstimme und Ihre Gesamtziele berücksichtigen.

1. Definieren Sie Ihre Markenstimme:
    - Ihre Markenstimme sollte auf allen Plattformen konsistent sein. Ganz gleich, ob Ihr Ton professionell, locker, humorvoll oder verbindlich ist, er sollte die Identität und Werte Ihrer Marke widerspiegeln. Wenn Sie Ihre Markenstimme frühzeitig definieren, stellen Sie sicher, dass Ihre Inhalte bei Ihrer Zielgruppe Anklang finden und die Markenbekanntheit stärken.

2. Verstehen Sie die Bedürfnisse Ihrer Zielgruppe:
   - Zielgruppenforschung ist entscheidend für die Erstellung von Inhalten, die Ihre Follower ansprechen und bei ihnen Anklang finden. Durch die Analyse der Benutzerdemografie, des Verhaltens und der Interessen können Sie Ihre Inhalte so anpassen, dass sie auf deren Schwachstellen, Vorlieben und Wünsche eingehen. Dieser Ansatz erhöht die Wahrscheinlichkeit, Engagement und Conversions zu generieren.

3. Inhaltsziele festlegen:
   - Inhaltsziele sollten mit Ihren umfassenderen Marketingzielen übereinstimmen. Zu den gängigen Inhaltszielen gehören die Steigerung der Markenbekanntheit, die Steigerung des Traffics auf Ihrer Website, die Generierung von Leads oder die Förderung des Community-Engagements. Diese Ziele leiten die Arten von Inhalten, die Sie erstellen, und die Metriken, die Sie verfolgen, um den Erfolg zu messen.

4. Planen Sie Abwechslung:
   - Diversifizieren Sie Ihre Inhalte, um Ihr Publikum zu fesseln. Eine abgerundete Content-Strategie umfasst verschiedene Formate wie Blogbeiträge, Videos, Infografiken, Livestreams und Stories. Jedes Format dient einem

anderen Zweck und spricht unterschiedliche Segmente Ihres Publikums an.

Arten von Inhalten: Von Beiträgen bis zu Geschichten

Social-Media-Plattformen bieten eine breite Palette an Inhaltsformaten, von denen jedes einzigartige Stärken bei der Einbindung des Publikums aufweist. Wenn Sie wissen, wie Sie diese Formate nutzen können, können Sie Ihre Reichweite und Effektivität maximieren.

1. Beiträge:
   - Traditionelle Social-Media-Beiträge (Texte, Bilder oder Videos) sind der Kern jeder Plattform. Sie eignen sich ideal zum Teilen von Updates, Werbeaktionen oder Informationen. Beiträge sollten optisch ansprechend und prägnant sein und einen klaren Call-to-Action (CTA) enthalten, um das Engagement zu fördern.

2. Geschichten:
   - Geschichten sind kurze, kurzlebige Inhalte, die nach 24 Stunden verschwinden. Auf Plattformen wie Instagram, Facebook und Snapchat gibt es viele Geschichten. Dieses Format ermöglicht es

Marken, persönlichere Inhalte hinter den Kulissen, Flash-Sales oder zeitkritische Ankündigungen zu teilen. Geschichten können die Dringlichkeit erhöhen und bei den Followern ein Gefühl der Exklusivität fördern.

3. Reels und TikToks:
   - Kurze Videoinhalte erfreuen sich immer größerer Beliebtheit, wobei Instagram Reels und TikTok den Trend anführen. Diese mundgerechten Videos eignen sich perfekt für schnelle, ansprechende Inhalte, die unterhalten oder aufklären. Ihr virales Potenzial macht sie zu einem wertvollen Instrument zur Steigerung der Markensichtbarkeit und zur Erreichung neuer Zielgruppen.

4. Live-Streams:
   - Live-Streaming bietet Echtzeit-Interaktion mit Ihrem Publikum und ist damit ein leistungsstarkes Instrument zur Einbindung. Marken können Livestreams für Produkteinführungen, Frage-und-Antwort-Runden oder Inhalte hinter den Kulissen nutzen. Plattformen wie Facebook, Instagram, YouTube und Twitch unterstützen Live-Streaming.

5. Karussellbeiträge:
- Karussells ermöglichen es Ihnen, mehrere Bilder oder Videos in einem einzigen Beitrag zu teilen, was sie ideal für das Geschichtenerzählen, Tutorials oder die Präsentation einer Produktpalette macht. Dieses Format ermutigt Benutzer, durch mehrere Inhalte gleichzeitig zu wischen und sich mit ihnen zu beschäftigen.

6. Umfragen und Quiz:
- Interaktive Inhalte wie Umfragen und Quiz binden Ihr Publikum ein, indem sie es zur Teilnahme einladen. Diese sind besonders effektiv, um Feedback zu sammeln, Diskussionen anzuregen oder Ihre Follower zu unterhalten und gleichzeitig für Ihre Marke zu werben.

7. Benutzergenerierte Inhalte (UGC):
- Wenn Sie Ihr Publikum dazu ermutigen, Inhalte mit Bezug zu Ihrer Marke zu erstellen, können Sie Authentizität und Vertrauen steigern. UGC kann alles sein, von Kundenrezensionen und Erfahrungsberichten bis hin zu Fotos oder Videos von Kunden, die Ihre Produkte verwenden. Es baut eine Community auf und verleiht Ihrer Social-Media-Präsenz eine persönliche Note.

Tools und Ressourcen zur Inhaltserstellung

Die kontinuierliche Erstellung qualitativ hochwertiger Inhalte kann zeitaufwändig sein, aber der Einsatz der richtigen Tools und Ressourcen kann den Prozess rationalisieren. Vom Grafikdesign bis zur Videobearbeitung gibt es zahlreiche Plattformen, die Ihnen bei der Erstellung professioneller Inhalte helfen können, ohne dass fortgeschrittene technische Kenntnisse erforderlich sind.

1. Canva:
   - Canva ist ein benutzerfreundliches Designtool, das sich perfekt zum Erstellen von Social-Media-Grafiken, Infografiken und Präsentationen eignet. Mit anpassbaren Vorlagen und einer breiten Palette an Designelementen erleichtert Canva die Erstellung professionell aussehender Grafiken für alle Plattformen.

2. Adobe Spark und Photoshop:
   - Adobe Spark ist eine vereinfachte Version der professionellen Designtools von Adobe, mit der Sie schnell Social-Media-Inhalte erstellen können. Für eine fortgeschrittenere Bearbeitung bleibt Adobe Photoshop der Branchenstandard für hochwertige Bildbearbeitung und -gestaltung.

3. Lumen5:
- Lumen5 ist eine Plattform zur Videoerstellung, die Blogbeiträge und Artikel in ansprechende Videos umwandelt. Es nutzt KI, um Sie beim Storyboarden, Bearbeiten und Erstellen von Videos zu unterstützen, die auf Social-Media-Plattformen wie YouTube und Facebook zugeschnitten sind.

4. Buffer und Hootsuite:
- Hierbei handelt es sich um Social-Media-Management-Tools, die auch Funktionen zur Inhaltserstellung bieten. Sie können über ein Dashboard Beiträge verfassen, relevante Inhalte finden und mehrere Social-Media-Konten verwalten. Buffer und Hootsuite eignen sich hervorragend für Teams, die gemeinsam an Social-Media-Strategien arbeiten.

5. Animoto:
- Für diejenigen, die sich auf Videoinhalte konzentrieren, bietet Animoto eine benutzerfreundliche Plattform zum Erstellen professioneller Videos. Es bietet Vorlagen und Stockmaterial, um den Prozess der Videoerstellung zu vereinfachen – ideal für

Marken, die konsistente, qualitativ hochwertige Videoinhalte produzieren möchten.

6. BuzzSumo:
  - BuzzSumo ist ein Analysetool, das Ihnen hilft, Trendthemen zu entdecken, Influencer zu finden und die Leistung Ihrer Inhalte zu verfolgen. Dies ist nützlich, um herauszufinden, welche Art von Inhalten bei Ihrem Publikum Anklang findet, und ermöglicht Ihnen, Ihren Erstellungsprozess entsprechend anzupassen.

Planung und Automatisierung

Konsistenz ist der Schlüssel zum Social-Media-Marketing und Planungstools können dabei helfen, sicherzustellen, dass Sie einen regelmäßigen Veröffentlichungsplan einhalten. Mit Automatisierungsplattformen können Sie Ihre Inhalte planen, veröffentlichen und überwachen, sodass Sie mehr Zeit haben, sich auf Strategie und Engagement zu konzentrieren.

1. Warum Terminplanung wichtig ist:
  – Das konsequente Posten von Inhalten zum richtigen Zeitpunkt ist für die Maximierung des Engagements von entscheidender Bedeutung.

Durch die Planung Ihrer Beiträge stellen Sie sicher, dass Ihre Inhalte von Ihrem Publikum dann gesehen werden, wenn es am aktivsten ist, unabhängig von Ihrer eigenen Verfügbarkeit.

2. Tools zur Terminplanung:
   – Mit Tools wie Buffer, Hootsuite und Later können Sie Beiträge auf mehreren Plattformen im Voraus planen. Dies trägt zur Wahrung der Konsistenz bei, insbesondere wenn Sie mehrere Konten verwalten oder mit einem globalen Publikum arbeiten.

3. Automatisierungstools:
   – Automatisierungsplattformen wie Zapier können Ihre Social-Media-Kanäle mit anderen Tools verbinden und so eine nahtlose gemeinsame Nutzung von Inhalten ermöglichen. Sie können beispielsweise das Teilen neuer Blogbeiträge oder Produkteinführungen direkt auf Ihren Social-Media-Plattformen automatisieren.

4. Inhaltskalender:
   – Ein Inhaltskalender hilft Ihnen bei der Visualisierung Ihres Veröffentlichungsplans und stellt sicher, dass Sie stets frische, relevante Inhalte teilen. Es hilft auch dabei, ein Gleichgewicht zwischen verschiedenen Arten von

Inhalten aufrechtzuerhalten, von Werbebeiträgen bis hin zur Benutzerinteraktion.

5. Überwachen und anpassen:
- Obwohl Automatisierung die Inhaltsverwaltung optimieren kann, ist es wichtig, Ihre Beiträge zu überwachen und sie basierend auf der Leistung anzupassen. Automatisierte Tools verfügen häufig über Analysefunktionen, die das Engagement verfolgen und es Ihnen ermöglichen, Ihre Strategie in Echtzeit zu optimieren.

Kapitel 9

Influencer-Marketing

Influencer-Marketing hat sich von einer Nischenstrategie zu einem Eckpfeiler des Social-Media-Marketings entwickelt.

In der modernen Social-Media-Landschaft hat sich Influencer-Marketing als eine der effektivsten Möglichkeiten für Marken erwiesen, ihre Zielgruppe authentisch zu erreichen. Durch die Partnerschaft mit Personen, die in Nischen-Communitys eine große Fangemeinde und Vertrauen aufgebaut haben, können Marken ihre Reichweite vergrößern und auf persönlicher Ebene mit Verbrauchern in Kontakt treten.

Die Macht des Influencer-Marketings verstehen

Influencer-Marketing ist kein neues Konzept, aber seine Relevanz bleibt auch im Jahr 2025 stärker denn je. Verbraucher stehen traditioneller Werbung zunehmend skeptisch gegenüber, und Influencer bieten Marken eine Möglichkeit, diese Hürde zu umgehen, indem sie das Vertrauen nutzen, das diese Personen bei ihren Followern aufgebaut haben. Influencer wirken sympathisch und authentisch, wodurch ihre Produktempfehlungen glaubwürdiger sind als Anzeigen direkt von Marken.

1. Der Aufstieg der Mikro-Influencer:
   - Während Mega-Influencer und Prominente immer noch eine Rolle spielen, wenden sich Marken zunehmend an Mikro-Influencer – Personen mit einem kleineren, aber sehr engagierten Publikum in Nischenmärkten. Mikro-Influencer gelten als verlässlicher und vertrauenswürdiger, und ihre Follower sind oft loyaler und investieren mehr in ihre Inhalte. Diese Influencer haben vielleicht nicht Millionen von Followern, aber ihr Publikum ist tendenziell engagierter, was Mikro-Influencer zu einer kostengünstigen Option für Marken macht, die höhere Engagement-Raten generieren möchten.

2. Authentizität statt Sponsoring:
   - Im Jahr 2025 steht Authentizität an erster Stelle. Verbraucher erkennen unechte Empfehlungen schnell, und Kooperationen mit Influencern, die sich zu werblich anfühlen, können das Gegenteil der beabsichtigten Wirkung haben. Marken, die sich auf den Aufbau langfristiger Partnerschaften mit Influencern statt

auf einmaliges Sponsoring konzentrieren, erzielen mit größerer Wahrscheinlichkeit nachhaltige Ergebnisse. Langfristige Kooperationen ermöglichen es Influencern, eine Marke natürlicher in ihre regulären Inhalte zu integrieren und so das Vertrauen und die Glaubwürdigkeit zu erhöhen.

Auswahl der richtigen Influencer

Die Auswahl der richtigen Influencer ist entscheidend für den Erfolg Ihrer Kampagne. Die richtige Passform geht über die Anzahl der Follower hinaus – es geht um die Übereinstimmung mit Ihren Markenwerten, die Fähigkeit des Influencers, überzeugende Inhalte zu erstellen, und seine Verbindung zu Ihrer Zielgruppe.

1. Zielgruppendemografie:
 - Stellen Sie bei der Auswahl von Influencern sicher, dass die Zielgruppendemografie mit der Zielgruppe Ihrer Marke übereinstimmt. Verwenden Sie Analysetools, um die Follower-Demografie des Influencers zu überprüfen, einschließlich Alter, Geschlecht, Standort und Interessen. Dadurch wird

sichergestellt, dass die Partnerschaft bei der richtigen Personengruppe Anklang findet und Ihre Botschaft einem relevanten Publikum übermittelt.

2. Stil und Ton des Inhalts:
   - Jeder Influencer hat seinen eigenen Stil und Kommunikationston. Es ist wichtig, mit Influencern zusammenzuarbeiten, deren Inhaltsstil mit der Stimme und Botschaft Ihrer Marke übereinstimmt. Unabhängig davon, ob der Influencer Humor, Bildung oder Inspiration bevorzugt, sollten seine Inhalte natürlich zu Ihrer Marke passen. Diese Ausrichtung stellt sicher, dass sich die Unterstützung des Influencers echt anfühlt und verbessert die Wahrnehmung Ihrer Marke bei seinen Followern.

3. Engagement-Raten:
   - Die Followerzahl eines Influencers ist wichtig, aber die Engagement-Raten sind eine wichtigere Kennzahl. Ein Influencer mit Millionen von Followern ist möglicherweise nicht so wertvoll wie einer mit einer kleineren, engagierteren Community. Suchen Sie nach Influencern, deren Follower ihre Beiträge regelmäßig liken, kommentieren und teilen. Hohe Engagement-Raten signalisieren, dass der Influencer ein treues Publikum hat, das seine

Meinung schätzt, was die Wirkung Ihrer Kampagne erhöht.

Aufbau authentischer Influencer-Beziehungen

Eine erfolgreiche Influencer-Kampagne hängt von starken Beziehungen zwischen der Marke und dem Influencer ab. Authentische Beziehungen führen zu natürlicheren Empfehlungen und besseren Kampagnenergebnissen.

1. Kollaborative Kampagnen:
 - Anstatt den Influencern strenge Richtlinien vorzuschreiben, geben Sie ihnen kreative Freiheit, Ihr Produkt oder Ihre Dienstleistung so zu integrieren, dass sie bei ihrem Publikum Anklang finden. Influencer kennen ihre Follower am besten und ihre Inhalte sollten sich wie eine natürliche Erweiterung ihrer üblichen Beiträge anfühlen. Durch die Zusammenarbeit mit Influencern bei Kampagnenideen erzielen Sie authentischere Ergebnisse und Inhalte, die sich weniger wie bezahlte Werbung anfühlen.

2. Langfristige Partnerschaften:

- Der Aufbau langfristiger Partnerschaften mit Influencern schafft ein Gefühl von Kontinuität und Vertrauen. Wenn Follower sehen, dass ein Influencer eine Marke wiederholt unterstützt, stärkt das die Glaubwürdigkeit der Empfehlung. Im Gegensatz dazu können sich einmalige Patenschaften transaktional und weniger vertrauenswürdig anfühlen. Erwägen Sie die Zusammenarbeit mit Influencern über mehrere Kampagnen hinweg oder den Aufbau von Markenbotschaftern, die sich über einen längeren Zeitraum für Ihre Marke einsetzen können.

3. Transparenz und Authentizität:
- Im Jahr 2025 ist Transparenz der Schlüssel zum Erhalt des Verbrauchervertrauens. Stellen Sie sicher, dass alle Partnerschaften die Offenlegungsvorschriften einhalten und dass Influencer gesponserte Inhalte deutlich kennzeichnen. Authentizität und Ehrlichkeit werden von Verbrauchern sehr geschätzt und die Nichtoffenlegung einer bezahlten Partnerschaft kann sowohl dem Ruf des Influencers als auch der Marke schaden. Vertrauen sollte die Grundlage jeder Influencer-Partnerschaft sein.

Messung des ROI von Influencer-Kampagnen

Wie bei jeder Marketingmaßnahme ist es wichtig, den Return on Investment (ROI) von Influencer-Kampagnen zu messen, um ihre Wirksamkeit zu bewerten und zukünftige Strategien zu informieren. Influencer-Marketing kann eine Vielzahl von Vorteilen bringen, von einer gesteigerten Markenbekanntheit bis hin zu Direktverkäufen, aber die Verfolgung dieser Ergebnisse erfordert sorgfältige Planung und Analyse.

1. Key Performance Indicators (KPIs):
   - Definieren Sie vor dem Start einer Kampagne die KPIs, anhand derer Sie den Erfolg messen. Zu den gängigen KPIs für Influencer-Marketing gehören Engagement-Raten (Likes, Kommentare, Shares), Reichweite und Impressionen, Website-Traffic und Conversions. Die von Ihnen gewählten KPIs sollten mit Ihren allgemeinen Marketingzielen übereinstimmen, sei es die Steigerung des Umsatzes, die Steigerung der Markenbekanntheit oder der Aufbau von Engagement.

2. Verfolgung von Verkäufen und Conversions:

– Eine der direktesten Möglichkeiten, den ROI einer Influencer-Kampagne zu messen, sind Verkäufe und Conversions. Indem Sie Influencern einzigartige Rabattcodes oder Affiliate-Links zur Verfügung stellen, können Sie genau verfolgen, wie viele Verkäufe durch ihre Werbung erzielt wurden. Sie können UTM-Parameter auch verwenden, um den Website-Verkehr und die Conversions aus den Beiträgen des Influencers zu verfolgen. Anhand dieser Daten können Sie ermitteln, welche Influencer den größten Mehrwert bieten, und können als Grundlage für zukünftige Kooperationen dienen.

3. Social-Listening-Tools:

- Mithilfe von Social-Listening-Tools können Sie die umfassendere Wirkung Ihrer Influencer-Kampagnen überwachen. Diese Tools verfolgen Erwähnungen Ihrer Marke auf allen Social-Media-Plattformen und geben Aufschluss darüber, wie Ihre Marke nach einer Influencer-Kampagne diskutiert und wahrgenommen wird. Social Listening kann Ihnen dabei helfen, die Gesamtstimmung Ihrer Kampagne einzuschätzen und neue Engagement-Möglichkeiten oder potenzielle Probleme zu identifizieren, die angegangen werden müssen.

4. Langfristige Auswirkungen:
- Während kurzfristige Kennzahlen wie Engagement und Verkäufe wichtig sind, ist es auch wichtig, die langfristigen Auswirkungen von Influencer-Kampagnen zu berücksichtigen. Der Aufbau von Markenbekanntheit, Vertrauen und Kundentreue ist ein fortlaufender Prozess, und es kann einige Zeit dauern, bis der wahre Wert des Influencer-Marketings zum Tragen kommt. Die langfristige Überwachung der Markenstimmung und des Kundenverhaltens kann ein umfassenderes Bild vom Erfolg der Kampagne liefern.

Kapitel 10

Krisenmanagement und Reputation

In einer Zeit, in der soziale Medien die wichtigste Plattform für die öffentliche Interaktion sind, kann der Ruf einer Marke erheblich davon beeinflusst werden, wie sie mit Krisen umgeht. Die digitale Landschaft verändert sich schnell und Unternehmen müssen auf Probleme wie negatives Feedback, Herausforderungen in der Öffentlichkeitsarbeit und potenzielle Reputationsschäden vorbereitet sein.

Umgang mit negativem Feedback und Problemen mit der Öffentlichkeitsarbeit

Negatives Feedback ist unvermeidlich, insbesondere im digitalen Zeitalter, in dem Kunden über soziale Medien direkten Zugang zu Ihrer Marke haben. Wie Sie mit Kritik und PR-Themen umgehen, kann entweder Ihrem Ruf schaden oder das Vertrauen Ihrer Kunden stärken.

1. Reagieren Sie schnell, aber durchdacht:
   - Einer der wichtigsten Aspekte des Krisenmanagements ist die Geschwindigkeit. In einer von sozialen Medien geprägten Welt können Schweigen oder eine verspätete Reaktion die Situation verschlimmern und zu Gerüchten und weiteren Gegenreaktionen führen. Obwohl schnelle Reaktionen notwendig sind, müssen sie auch überlegt sein. Eine überstürzte, nachlässige Antwort kann das Problem eskalieren lassen.

2. Bestätigen Sie das Problem:
   - Erkennen Sie das Problem an, bevor Sie sich mit Erklärungen oder Lösungen befassen. Ganz gleich, ob es sich um einen Produktfehler, einen Serviceausfall oder Fehlinformationen handelt, Kunden möchten das Gefühl haben, gehört zu werden. Indem Sie ihre Bedenken bestätigen, zeigen Sie, dass Ihre Marke Verantwortung übernimmt.

3. Bleiben Sie ruhig und professionell:
   - Bei negativem Feedback verfällt man leicht in die Defensive, aber es ist wichtig, einen ruhigen und professionellen Ton zu bewahren. Vermeiden Sie persönliche Angriffe oder Auseinandersetzungen, da diese dem Image Ihrer

Marke schaden können. Seien Sie einfühlsam, drücken Sie gegebenenfalls Ihr Bedauern aus und bieten Sie Lösungen oder nächste Schritte an.

4. Nehmen Sie das Gespräch offline:
- In Fällen, in denen eine öffentliche Reaktion zu einer weiteren Eskalation führen könnte, führen Sie das Gespräch offline. Laden Sie die Person ein, eine private Nachricht über Ihre Marke zu senden, eine E-Mail an den Kundenservice zu senden oder eine spezielle Support-Hotline anzurufen. Dies reduziert die öffentliche Kontrolle und stellt gleichzeitig sicher, dass das Problem persönlich und gründlich angegangen wird.

5. Negatives Feedback in eine Chance verwandeln:
- Während negatives Feedback wie eine Krise erscheinen kann, ist es auch eine Chance, Ihr Produkt, Ihre Dienstleistung oder Ihr Kundenerlebnis zu verbessern. Das transparente Ansprechen von Bedenken und das Vornehmen von Verbesserungen auf der Grundlage von Kundenvorschlägen können Vertrauen und Loyalität stärken.

Strategien für das Reputationsmanagement

Über die Bewältigung von Krisen hinaus ist es wichtig, den Ruf Ihrer Marke auf allen Plattformen proaktiv zu verwalten. Beim Reputationsmanagement geht es darum, sich darüber im Klaren zu sein, was über die eigene Marke gesagt wird, und die öffentliche Wahrnehmung aktiv zu gestalten.

1. Überwachen Sie Markenerwähnungen:
   - Nutzen Sie Social-Listening-Tools wie Hootsuite, Brandwatch oder Mention, um in Echtzeit zu verfolgen, was die Leute über Ihre Marke sagen. Durch die Überwachung von Markenerwähnungen können Sie potenzielle Probleme frühzeitig erkennen und reagieren, bevor sie zu einer ausgewachsenen Krise eskalieren.

2. Interagieren Sie positiv mit Ihrem Publikum:
   - Regelmäßige Interaktion mit Ihrem Publikum trägt dazu bei, einen positiven Ruf aufzubauen. Wenn Sie auf positive Kommentare reagieren, Fragen beantworten und Kundenfeedback anerkennen, entsteht eine positive Wahrnehmung Ihrer Marke. Engagierte Kunden werden Ihre Marke auch in Krisenzeiten eher verteidigen.

3. Vertrauen durch Transparenz aufbauen:

- Vertrauen ist ein entscheidendes Element des Reputationsmanagements. Transparenz gegenüber Ihrem Publikum über Unternehmenswerte, Richtlinien und etwaige Änderungen (z. B. Preiserhöhungen oder Produktmodifikationen) schafft Glaubwürdigkeit. In Krisenzeiten trägt Transparenz auch dazu bei, das Vertrauen der Kunden aufrechtzuerhalten.

4. Entschuldigen Sie sich, wenn es nötig ist:
- Eine aufrichtige Entschuldigung kann bei einem beschädigten Ruf Wunder bewirken. Wenn Ihre Marke einen Fehler gemacht hat, stehen Sie dazu und entschuldigen Sie sich. Kunden sind oft nachsichtiger, wenn sie sehen, dass eine Marke die volle Verantwortung übernimmt und Wiedergutmachung leistet. Vermeiden Sie vage oder unaufrichtige Entschuldigungen, da diese nach hinten losgehen können.

5. Entwickeln Sie einen Krisenkommunikationsplan:
- Jede Marke sollte über einen Krisenkommunikationsplan verfügen. Dieser Plan sollte darlegen, wer für die Bewältigung der Krise verantwortlich ist, die Protokolle für die Reaktion in sozialen Medien und die Nachrichtenstrategie.

Mit einem klaren Plan können Sie in schwierigen Zeiten schnell und kohärent reagieren.

Krisenmanagement ist ein unvermeidlicher Teil der Social-Media-Reise jeder Marke. Der Schlüssel zum Erfolg liegt in Bereitschaft, Transparenz und einem kundenorientierten Ansatz. Indem Sie effektiv mit negativem Feedback umgehen, den Ruf Ihrer Marke proaktiv verwalten und aus vergangenen Krisen lernen, können Sie nicht nur Ihre Marke schützen, sondern auch die Beziehung zu Ihrem Publikum stärken.

Kapitel 11

Machen Sie Ihre Strategie zukunftssicher

Da sich die digitale Landschaft weiterhin rasant weiterentwickelt, müssen Unternehmen ihre Social-Media-Strategien zukunftssicher machen, um wettbewerbsfähig und anpassungsfähig zu bleiben. Um die Langlebigkeit und Relevanz Ihrer Social-Media-Präsenz sicherzustellen, müssen Sie dem technologischen Fortschritt immer einen Schritt voraus sein, sich auf Algorithmusänderungen vorbereiten und langfristige Trends verstehen. In diesem Kapitel wird untersucht, wie Sie sich auf zukünftige Veränderungen vorbereiten und eine dauerhafte Wirkung im sich ständig verändernden Social-Media-Bereich erzielen können.

Anpassung an den technologischen Fortschritt

Das Tempo der technologischen Innovation zeigt keine Anzeichen einer Verlangsamung, und die

Marken, die erfolgreich sind, sind diejenigen, die diese Veränderungen schnell übernehmen und in ihre Marketingstrategien integrieren können. Im Jahr 2025 werden mehrere technologische Fortschritte erhebliche Auswirkungen auf das Social-Media-Marketing haben, darunter Augmented Reality (AR), Virtual Reality (VR), künstliche Intelligenz (KI) und Blockchain.

1. Augmented und Virtual Reality nutzen:
 - Plattformen wie Snapchat und Instagram verfügen bereits über integrierte AR-Funktionen, die es Benutzern ermöglichen, auf immersive Weise mit Marken zu interagieren, beispielsweise durch virtuelle Anproben oder 3D-Produktansichten. Da AR immer ausgefeilter wird, können Marken damit hochgradig personalisierte Erlebnisse bieten und so die Art und Weise verändern, wie sie mit Kunden interagieren. Ebenso expandiert VR in die sozialen Medien und bietet Möglichkeiten für virtuelle Events, immersives Storytelling und Markenerlebnisse.

2. Nutzung von KI für Personalisierung und Automatisierung:
 - KI wird weiterhin eine wichtige Rolle im Social-Media-Marketing spielen, indem sie eine

Hyperpersonalisierung von Inhalten und Werbung ermöglicht. Algorithmen für maschinelles Lernen können das Verhalten und die Präferenzen der Nutzer analysieren und es Marken ermöglichen, gezielte Werbung und personalisierte Erlebnisse bereitzustellen. KI-gestützte Chatbots wie die von Facebook Messenger und WhatsApp werden den Kundenservice weiter verbessern, indem sie sofortige, automatisierte Antworten liefern, die auf die Bedürfnisse der Benutzer zugeschnitten sind.

3. Blockchain im Hinblick auf Transparenz erkunden:

– Die Blockchain-Technologie ist zwar noch im Entstehen begriffen, birgt jedoch Potenzial für die Gewährleistung von Transparenz und Verantwortlichkeit im Social-Media-Marketing. Blockchain kann die digitale Werbung verbessern, indem es Betrug verhindert, die Anzeigenausrichtung verbessert und klare Dateneigentümer bietet, was für die Aufrechterhaltung des Vertrauens der Benutzer immer wichtiger wird.

Durch die frühzeitige Anpassung an diese Technologien können Marken innovative und ansprechende Marketingstrategien entwickeln, die bei technikaffinen Zielgruppen Anklang finden.

Vorbereitung auf Algorithmusänderungen

Einer der schwierigsten Aspekte des Social-Media-Marketings ist die Bewältigung der häufigen Algorithmus-Updates, die Plattformen wie Instagram, Facebook und TikTok einführen. Diese Änderungen können sich dramatisch auf die Sichtbarkeit von Inhalten und die Engagement-Raten auswirken. Daher ist es für Marken unerlässlich, agil und proaktiv zu bleiben.

1. Algorithmusprioritäten verstehen:
 - Algorithmen sind darauf ausgelegt, Inhalte zu priorisieren, die das Engagement fördern, sei es durch Likes, Shares oder Kommentare. Bleiben Sie über die Algorithmen der einzelnen Plattformen auf dem Laufenden – etwa die Betonung von Videoinhalten, Live-Interaktionen oder

authentischem Engagement –, um Ihre Content-Strategie entsprechend zu optimieren.

2. Diversifizierung der Inhaltsformate:
- Abhängig von ihren Algorithmen schneiden unterschiedliche Inhaltsformate auf verschiedenen Plattformen besser ab. Beispielsweise priorisiert der Algorithmus von Instagram derzeit Reels (kurze Videos) aufgrund ihres hohen Interaktionspotenzials, während LinkedIn lange Inhalte wie Artikel schätzt. Durch die Diversifizierung Ihrer Inhalte – das Mischen von Videos, Geschichten, Beiträgen und Livestreams – stellen Sie sicher, dass Ihre Marke über mehrere algorithmische Änderungen hinweg relevant bleibt.

3. Beständigkeit und Engagement:
- Eine der Konstanten bei den meisten Plattformalgorithmen ist die Betonung der Konsistenz und des Benutzerengagements. Marken, die regelmäßig Beiträge veröffentlichen und sinnvolle Interaktionen (wie Kommentare oder Diskussionen) fördern, schneiden in algorithmischen Rankings tendenziell besser ab. Der Aufbau einer loyalen, engagierten Community ist der Schlüssel zur Aufrechterhaltung der

Sichtbarkeit auch bei großen Algorithmusänderungen.

4. Testen und Lernen:
- Zukunftssicherheit erfordert kontinuierliches Experimentieren. Testen Sie regelmäßig verschiedene Arten von Inhalten und verfolgen Sie, wie sich Algorithmusänderungen auf das Engagement auswirken. Marken, die anpassungsfähig und bereit sind, aus ihren Ergebnissen zu lernen, werden trotz unvorhersehbarer Aktualisierungen eher erfolgreich sein.

Langfristige Trends, die es zu beobachten gilt

Um eine dauerhafte Strategie zu entwickeln, ist es wichtig, die langfristigen Trends zu verstehen, die die Zukunft der sozialen Medien prägen. Es zeichnen sich bereits mehrere Makrotrends ab, die das Social-Media-Marketing im Jahr 2025 und darüber hinaus beeinflussen werden.

1. Der Aufstieg der Nischenplattformen:
- Während Giganten wie Instagram und TikTok weiterhin dominieren, gibt es eine zunehmende Verlagerung hin zu sozialen Nischenplattformen,

die auf bestimmte Communities oder Interessen zugeschnitten sind. Beispielsweise erfreuen sich Plattformen wie Discord und Clubhouse zunehmender Beliebtheit bei bestimmten Gruppen, die tiefergehende, gezieltere Interaktionen suchen. Marken können von diesem Trend profitieren, indem sie Nischenplattformen identifizieren, die zu ihrer Zielgruppe passen, und in diesen Bereichen eine Präsenz aufbauen.

2. Nachhaltigkeit und soziale Verantwortung:
   - Verbraucher, insbesondere die jüngere Generation, legen zunehmend Wert auf Marken, die sich für Nachhaltigkeit und soziale Verantwortung einsetzen. Im Jahr 2025 werden Marken, die sich aktiv für Umweltschutz, Vielfalt und soziale Gerechtigkeit einsetzen, in den Augen sozialbewusster Verbraucher an Popularität gewinnen. Authentizität wird entscheidend sein; Marken müssen sicherstellen, dass ihre Initiativen nicht nur der Show dienen, sondern durch sinnvolle Maßnahmen unterstützt werden.

3. Der Wandel zum Creator-Led Commerce:
   - Da das Influencer-Marketing weiter wächst, wird die Grenze zwischen Content-Erstellern und E-Commerce verschwimmen. Plattformen integrieren zunehmend Shopping-Funktionen, die

es YouTubern ermöglichen, Produkte direkt an ihre Follower zu verkaufen. Marken, die mit Influencern zusammenarbeiten, um exklusive Produkte oder Co-Branding-Kampagnen zu entwickeln, werden in dieser neuen, von Schöpfern gesteuerten Handelslandschaft erfolgreich sein.

4. Stärkere Betonung von Datenschutz und Datensicherheit:
   - Der Datenschutz ist für Nutzer und Aufsichtsbehörden gleichermaßen ein wachsendes Anliegen, und dieser Trend wird sich bis 2025 noch verstärken. Social-Media-Plattformen werden wahrscheinlich strengeren Vorschriften für die Datenerhebung und -nutzung unterliegen, was zu mehr Transparenz und Nutzerkontrolle über personenbezogene Daten führen wird. Marken, die ethischen Datenpraktiken Priorität einräumen und mit ihren Kunden klar darüber kommunizieren, wie Daten verwendet werden, werden Vertrauen aufbauen und langfristige Loyalität fördern.

5. Verstärkter Fokus auf psychische Gesundheit und digitales Wohlbefinden:

- Die Auswirkungen sozialer Medien auf die psychische Gesundheit geben zunehmend Anlass zur Sorge und haben Plattformen dazu veranlasst, Funktionen wie Zeitmanagement-Tools und Kontrollen für die Moderation von Inhalten einzuführen. In Zukunft müssen Marken auf die von ihnen produzierten Inhalte achten und sicherstellen, dass diese positive Interaktionen fördern und das allgemeine Wohlbefinden ihres Publikums unterstützen.

Kapitel 12

Social-Media-Trends für 2025 und darüber hinaus

Auf dem Weg ins Jahr 2025 und darüber hinaus steht der Social-Media-Landschaft eine rasante Entwicklung bevor, die von technologischen Fortschritten, verändertem Verbraucherverhalten und aufkommenden Trends geprägt sein wird. Marken, die diese Entwicklungen verstehen und sich darauf einstellen, werden sich einen erheblichen Wettbewerbsvorteil verschaffen. Einer der bemerkenswertesten Trends ist der Aufstieg von Augmented Reality (AR) und Virtual Reality (VR). Plattformen wie Instagram und Snapchat haben bereits damit begonnen, AR-Funktionen zu integrieren, die es Benutzern ermöglichen, durch immersive Erlebnisse mit Marken zu interagieren. Bis 2025 werden AR und VR wahrscheinlich zum Mainstream werden und es Unternehmen ermöglichen, ansprechende, interaktive Inhalte zu erstellen, die das Benutzererlebnis verbessern. Beispielsweise können Marken AR für virtuelle Anproben nutzen, sodass Kunden Produkte vor dem Kauf in ihrer eigenen Umgebung visualisieren können. Ebenso kann VR virtuelle Ausstellungsräume und Veranstaltungen ermöglichen und Verbrauchern eine ansprechendere Möglichkeit bieten, Produkte zu erkunden.

Ein weiterer Trend, der voraussichtlich weiter an Bedeutung gewinnen wird, ist die Dominanz von kurzen Videoinhalten. Die Beliebtheit von Plattformen wie TikTok und Instagram Reels hat gezeigt, dass kurze, ansprechende Videos effektiv Aufmerksamkeit erregen und das Engagement fördern. Wenn wir uns dem Jahr 2025 nähern, müssen sich Marken auf die Produktion hochwertiger, kreativer Kurzvideos konzentrieren, um mit ihrem Publikum in Kontakt zu treten. Die Betonung von Storytelling, Authentizität und Unterhaltung wird von entscheidender Bedeutung sein, da schnelle, visuell ansprechende Inhalte, die Botschaften prägnant vermitteln, von entscheidender Bedeutung sind, um das Interesse der Verbraucher zu wecken.

Personalisierung und Individualisierung werden auch in der Zukunft des Social-Media-Marketings eine entscheidende Rolle spielen. Verbraucher erwarten zunehmend personalisierte Erlebnisse auf Social-Media-Plattformen, und bis 2025 müssen Marken Datenanalysen und künstliche Intelligenz (KI) nutzen, um Inhalte und Werbung an die Vorlieben und Verhaltensweisen der einzelnen Benutzer anzupassen. Zu personalisierten Marketingstrategien können individuelle Produktempfehlungen, zielgerichtete Anzeigen basierend auf dem Benutzerverhalten und maßgeschneiderte Nachrichten gehören. Marken, die Daten effektiv nutzen, um personalisierte Erlebnisse zu schaffen, werden nicht nur die Erwartungen der Verbraucher erfüllen, sondern auch höhere Konversionsraten erzielen.

Darüber hinaus dürfte die wachsende Bedeutung von Nachhaltigkeit und sozialer Verantwortung in den kommenden Jahren bei den Verbrauchern stärker Anklang finden. Wenn Kunden sich ihrer Entscheidungen bewusster werden, werden Marken, die ethische Praktiken in den Vordergrund stellen und ein Engagement für soziale Anliegen zeigen, einen Wettbewerbsvorteil haben. Soziale Medien werden weiterhin als Plattform dienen, auf der Verbraucher ihre Erwartungen an unternehmerische Verantwortung äußern können. Daher sollten Marken ihre

Nachhaltigkeitsinitiativen proaktiv teilen, soziale Anliegen unterstützen und transparente Gespräche mit ihrem Publikum führen. Durch die Ausrichtung ihrer Botschaften auf Werte, die den Verbrauchern wichtig sind, können Marken ihren Ruf verbessern und tiefere Verbindungen zu ihrem Publikum aufbauen.

Zusätzlich zu diesen Trends ist das Wachstum von Community-gesteuerten Inhalten nicht zu übersehen. Soziale Medien entwickeln sich zu einem Raum, in dem Gemeinschaften gedeihen, und bis 2025 müssen Marken ihren Fokus von der bloßen Verbreitung von Botschaften auf die Förderung von Gemeinschaften rund um ihre Produkte oder Dienstleistungen verlagern. Plattformen wie Facebook-Gruppen und Discord haben die Kraft des gemeinschaftlichen Engagements unter Beweis gestellt. Marken sollten Räume schaffen, in denen Kunden Erfahrungen austauschen, Feedback geben und miteinander in Kontakt treten können. Benutzergenerierte Inhalte werden bei diesem Trend eine entscheidende Rolle spielen, da Kunden zunehmend auf Empfehlungen von Gleichgesinnten vertrauen und nicht auf traditionelle Werbung. Durch die Interaktion mit Communities und die Förderung benutzergenerierter Inhalte wird die Authentizität und Loyalität der Marke gestärkt.

Eine weitere bedeutende Entwicklung ist der Aufstieg der Sprach- und visuellen Suche. Mit der zunehmenden Verbreitung sprachaktivierter Geräte und KI-Assistenten werden Sprach- und visuelle Suche immer alltäglicher. Bis 2025 müssen Marken ihre Inhalte für die Sprachsuche optimieren und sich dabei auf Konversationsschlüsselwörter und -phrasen konzentrieren. Darüber hinaus ermöglicht die visuelle Suchtechnologie Benutzern die Suche nach Produkten mithilfe von Bildern. Daher ist es für Marken unerlässlich, sicherzustellen, dass ihre visuellen Elemente für diesen aufkommenden Trend optimiert sind. Die Erstellung ansprechender visueller Inhalte, die über die visuelle Suche leicht auffindbar sind, wird eine Schlüsselstrategie für Marken sein, die im Wettbewerbsumfeld Aufmerksamkeit erregen möchten.

Da die Bedenken hinsichtlich des Datenschutzes immer größer werden, führen Social-Media-Plattformen strengere Datenschutzmaßnahmen ein. Bis 2025 müssen Marken der Transparenz und dem Vertrauen ihrer

Zielgruppen Priorität einräumen. Die Kommunikation darüber, wie Kundendaten verwendet werden, und die Sicherstellung der Einhaltung von Datenschutzbestimmungen werden für den Aufbau und die Aufrechterhaltung des Vertrauens der Verbraucher von entscheidender Bedeutung sein. Marken sollten auch die Nutzung datenschutzorientierter Plattformen in Betracht ziehen, bei denen der Schutz der Benutzerdaten im Vordergrund steht. Indem Marken proaktiv Datenschutzmaßnahmen ergreifen, können sie ihren Ruf verbessern und die Loyalität datenschutzbewusster Verbraucher fördern.

Schließlich wird erwartet, dass die Entwicklung der E-Commerce-Integration in Social-Media-Plattformen neue Höhen erreichen wird. Soziale Medien haben die Grenzen zwischen sozialem Engagement und E-Commerce zunehmend verwischt, und im Jahr 2025 wird mit einer stärkeren Integration von Einkaufsfunktionen gerechnet. Plattformen wie Instagram und TikTok ermöglichen es Marken bereits, Produkte direkt über ihre Apps zu verkaufen, ein Trend, der sich wahrscheinlich noch verstärken wird. Marken müssen ihre Social-Media-Profile für den E-Commerce optimieren und dabei Funktionen wie einkaufbare Beiträge, Live-Shopping-Events und integrierte Zahlungsoptionen nutzen. Durch die Schaffung nahtloser Einkaufserlebnisse können Marken ihre Verkäufe direkt über Social-Media-Plattformen steigern.

Kapitel 13

Aufbau einer plattformübergreifenden Strategie

In der vernetzten digitalen Landschaft von heute ist eine robuste plattformübergreifende Strategie für Marken, die ihre Reichweite und ihr Engagement maximieren möchten, unerlässlich. Da Verbraucher aktiv auf mehreren Social-Media-Plattformen teilnehmen, müssen Unternehmen kohärente und koordinierte Marketingbemühungen entwickeln, die über verschiedene Kanäle hinweg Anklang finden. Eine erfolgreiche plattformübergreifende Strategie ermöglicht es Marken, die einzigartigen Stärken jeder Plattform zu nutzen und gleichzeitig eine konsistente Botschaft und Erfahrung zu vermitteln.

Um mit dem Aufbau einer plattformübergreifenden Strategie zu beginnen, müssen Marken zunächst ihre Ziele definieren. Was wollen sie mit ihren Social-Media-Marketing-Bemühungen erreichen? Ganz gleich, ob es um die Steigerung der Markenbekanntheit, die Steigerung des Website-Traffics oder die Generierung von Leads geht: Klare Ziele leiten die Erstellung von Inhalten und die Plattformauswahl. Sobald die Ziele festgelegt sind, können Marken anhand ihrer Zielgruppe und der Art ihrer Produkte oder Dienstleistungen die am besten geeigneten Plattformen identifizieren. Visuelle Plattformen wie Instagram und Pinterest eignen sich beispielsweise ideal für Marken mit starken visuellen Inhalten, während LinkedIn möglicherweise eher für B2B-Unternehmen geeignet ist, die sich auf professionelles Networking konzentrieren.

Um Inhalte effektiv anzupassen, ist es wichtig, die unterschiedlichen Merkmale jeder Plattform zu verstehen. Jede Social-Media-Plattform hat ihr eigenes Publikum, ihren eigenen Engagement-Stil und ihr eigenes Inhaltsformat. Beispielsweise lebt Instagram von optisch ansprechenden Bildern und kurzen Videos, während Twitter prägnante Nachrichten und Echtzeit-Engagement bevorzugt. Durch die Anpassung von Inhalten an die Nuancen jeder Plattform können Marken die Benutzereinbindung steigern und ein individuelleres Erlebnis für ihre Zielgruppen schaffen.

Die Neuverwendung von Inhalten ist eine wertvolle Technik, die es Marken ermöglicht, die Konsistenz auf allen Plattformen aufrechtzuerhalten und gleichzeitig die Effizienz zu maximieren. Marken können einen Kerninhalt erstellen, beispielsweise einen Blog-Beitrag oder ein Video, und ihn für verschiedene Plattformen anpassen. Beispielsweise kann ein langer Blog-Beitrag in mundgerechte Beiträge für Twitter zusammengefasst, in Infografiken für Pinterest umgewandelt oder als Grundlage für eine Reihe von Instagram-Geschichten verwendet werden. Dieser Ansatz spart nicht nur Zeit und Ressourcen, sondern sorgt auch dafür, dass die Botschaft konsistent bleibt und die Markenidentität über verschiedene Kanäle hinweg gestärkt wird.

Darüber hinaus kann die Integration von Social-Media-Werbung in eine plattformübergreifende Strategie die Reichweite und das Engagement steigern. Jede Plattform bietet einzigartige Werbemöglichkeiten, die es Marken ermöglichen, bestimmte Zielgruppen und Interessen anzusprechen. Durch die Durchführung koordinierter Werbekampagnen auf mehreren Plattformen können Marken ihre Botschaften verstärken und die Sichtbarkeit erhöhen. Beispielsweise kann eine Marke eine Videoanzeige auf Facebook, eine Karussellanzeige auf Instagram, die mehrere Produkte präsentiert, und einen gesponserten Tweet auf Twitter schalten, um Zielgruppen an verschiedenen Berührungspunkten zu erreichen. Dieser Multi-Channel-Ansatz maximiert die Chancen, die Aufmerksamkeit der Verbraucher zu erregen und die Conversions zu steigern.

Ein weiterer wichtiger Aspekt einer erfolgreichen plattformübergreifenden Strategie ist die Verfolgung und Analyse von Leistungskennzahlen. Marken sollten Engagement, Reichweite und Konversionsraten auf verschiedenen Plattformen überwachen, um zu verstehen, was für ihre Zielgruppe am besten funktioniert. Durch die Analyse von Daten können Marken Trends erkennen, ihre Content-Strategien verfeinern und Ressourcen effektiver zuweisen. Tools wie Google Analytics, Hootsuite und Sprout Social liefern wertvolle Einblicke in die plattformübergreifende Leistung und ermöglichen es Marken, fundierte Entscheidungen auf der Grundlage datengesteuerter Erkenntnisse zu treffen.

Community-Engagement spielt eine entscheidende Rolle in einer plattformübergreifenden Strategie. Marken sollten die Interaktion mit ihrem Publikum über verschiedene Kanäle hinweg fördern und zu Gesprächen und Feedback anregen. Die Interaktion mit Followern stärkt nicht nur die Markentreue, sondern liefert auch Einblicke in die Vorlieben und Erwartungen der Kunden. Das Reagieren auf Kommentare, die Teilnahme an Diskussionen und das Teilen von benutzergenerierten Inhalten können dazu beitragen, ein Gemeinschaftsgefühl zu schaffen, die Markenaffinität zu steigern und Kunden zu ermutigen, sich für die Marke einzusetzen.

Während Marken ihre plattformübergreifenden Strategien entwickeln, müssen sie sich an die sich entwickelnden Trends und Technologien anpassen können. Soziale Medien verändern sich ständig und es entstehen regelmäßig neue Funktionen und Plattformen. Wenn Marken über die Entwicklungen in der Branche auf dem Laufenden bleiben, können sie neue Chancen nutzen und im Wettbewerbsumfeld relevant bleiben. Durch die regelmäßige Bewertung der Wirksamkeit ihrer Strategien und die Vornahme notwendiger

Anpassungen wird sichergestellt, dass Marken weiterhin die Bedürfnisse ihrer Zielgruppe erfüllen.

Kapitel 14

Einbindung der Generation Z und jüngerer Zielgruppen

Da sich die sozialen Medien ständig weiterentwickeln, ist es für Marken, die in der digitalen Landschaft erfolgreich sein wollen, von entscheidender Bedeutung, zu verstehen, wie sie die Generation Z und jüngere Zielgruppen effektiv ansprechen können. Die Generation Z wurde zwischen Mitte der 1990er und Anfang der 2010er Jahre geboren und ist die erste Generation, die mit Smartphones und sozialen Medien als integralen Bestandteilen ihres täglichen Lebens aufgewachsen ist. Diese Bevölkerungsgruppe weist einzigartige Vorlieben und Verhaltensweisen auf, die Vermarkter erkennen müssen, um wirkungsvolle und relevante Marketingstrategien zu entwickeln.

Ein wesentliches Merkmal der Generation Z ist ihr Anspruch an Authentizität. Im Gegensatz zu früheren Generationen legt diese Kohorte Wert auf echte Inhalte, die echte Erfahrungen und

Emotionen widerspiegeln. Marken, die unauthentische Marketingtaktiken oder übermäßig ausgefeilte Werbekampagnen anwenden, laufen oft Gefahr, diese Zielgruppe zu verärgern. Um mit der Generation Z in Kontakt zu treten, sollten Unternehmen Transparenz und Ehrlichkeit in ihren Nachrichten priorisieren. Benutzergenerierte Inhalte, Einblicke hinter die Kulissen und nachvollziehbare Geschichten finden bei jüngeren Zielgruppen stärkeren Anklang und fördern ein Gefühl von Vertrauen und Verbundenheit.

Social-Media-Plattformen spielen eine entscheidende Rolle dabei, wie die Generation Z Inhalte konsumiert. Während Plattformen wie Facebook und Twitter nach wie vor beliebt sind, tendiert die Generation Z vor allem zu visuellen und interaktiven Plattformen wie TikTok, Snapchat und Instagram. Um ihre Aufmerksamkeit zu erregen, sollten Marken in optisch ansprechende Inhalte investieren und kurze Videos, auffällige Grafiken und interaktive Funktionen nutzen. Beispielsweise bietet TikToks Schwerpunkt auf kreativen und unterhaltsamen Inhalten Marken eine einzigartige Gelegenheit, Benutzer durch Herausforderungen, Trends und nachvollziehbaren Humor zu begeistern. Marken, die die Besonderheiten und Trends dieser Plattformen aufgreifen, können jüngere Zielgruppen besser erreichen.

Beim Engagement geht es nicht nur darum, Botschaften zu verbreiten; Dazu gehört auch die aktive Teilnahme an Gesprächen. Die Generation Z erwartet von Marken, dass sie zuhören und auf ihr Feedback, ihre Meinungen und Anfragen reagieren. Soziale Medien ermöglichen die Interaktion in Echtzeit und ermöglichen es Marken, direkt mit ihrem Publikum in Kontakt zu treten. Das Reagieren auf Kommentare, das Anerkennen von benutzergenerierten Inhalten und die Teilnahme an Trenddiskussionen steigert nicht nur das Engagement, sondern fördert auch das Gemeinschaftsgefühl. Marken wie Nike und Wendy's haben diesen Ansatz erfolgreich genutzt, indem sie aktiv mit ihren Followern in den sozialen Medien interagieren, Reaktionsfähigkeit demonstrieren und Markentreue fördern.

Ein weiterer wichtiger Aspekt bei der Einbindung jüngerer Zielgruppen ist die Betonung sozialer Themen und Markenwerte. Die Generation Z ist für ihre starke Haltung zu sozialer Gerechtigkeit, Nachhaltigkeit und Inklusivität bekannt. Marken, die sich an diesen Werten orientieren und sich aktiv an relevanten Gesprächen beteiligen, werden bei dieser Zielgruppe eher Anklang finden. Beispielsweise haben Marken wie Patagonia und Ben & Jerry's soziale Verantwortung erfolgreich in ihre Marketingbemühungen integriert und ihr Engagement für Nachhaltigkeit und soziale Anliegen unter Beweis gestellt. Indem Marken zu wichtigen Themen Stellung beziehen, können sie tiefere Verbindungen zur Generation Z knüpfen, die werteorientierte Entscheidungen in den Vordergrund stellt.

Darüber hinaus hat sich Gamification als wirksame Strategie zur Einbindung jüngerer Zielgruppen herausgestellt. Durch die Einbindung von Elementen des Spieledesigns in Marketingkampagnen können interaktive und unterhaltsame Erlebnisse geschaffen werden. Quizze, Herausforderungen und Wettbewerbe können jüngere Verbraucher dazu verleiten, mitzumachen und sich mit der Marke auseinanderzusetzen. Beispielsweise nutzen Marken wie Starbucks Gamification in ihren Treueprogrammen und ermutigen Kunden, durch die Teilnahme Belohnungen zu verdienen. Indem Marken das Engagement unterhaltsam und lohnend gestalten, können sie die Loyalität fördern und ein Zugehörigkeitsgefühl bei den Verbrauchern der Generation Z schaffen.

Influencer-Marketing bleibt ein wichtiges Instrument, um jüngere Zielgruppen zu erreichen. Die Zusammenarbeit mit Influencern, die mit Markenwerten übereinstimmen und bei der Generation Z Anklang finden, kann die Glaubwürdigkeit und Sichtbarkeit erhöhen. Für Marken ist es jedoch wichtig, Influencer auszuwählen, deren Zielgruppen den Zielmarkt der Marke widerspiegeln. Authentische Partnerschaften und eine transparente Kommunikation mit Influencern können zu wirkungsvollen Ergebnissen führen. Beispielsweise verzeichnen Beauty-Marken, die mit Mikro-Influencern zusammenarbeiten, aufgrund ihrer wahrgenommenen Authentizität und Zugänglichkeit oft höhere Engagement-Raten.

Da Marken die Generation Z engagieren, ist es wichtig, die Bedeutung der mobilen Optimierung zu erkennen. Da jüngere Zielgruppen hauptsächlich über ihre Smartphones auf soziale Medien zugreifen, müssen Marken sicherstellen, dass ihre Inhalte für Mobilgeräte geeignet sind. Dazu gehört die Optimierung von Websites, die

Sicherstellung schneller Ladezeiten und die Verwendung vertikaler Videoformate, die den mobilen Sehpräferenzen gerecht werden. Ein nahtloses mobiles Erlebnis steigert das Engagement und verringert Interaktionsbarrieren, sodass Marken effektiv mit jüngeren Zielgruppen in Kontakt treten können.

Kapitel 15

Nutzung benutzergenerierter Inhalte

Benutzergenerierte Inhalte (User Generated Content, UGC) haben sich zu einem leistungsstarken Instrument im Social-Media-Marketing entwickelt, das es Marken ermöglicht, die Kreativität und Begeisterung ihrer Kunden zu nutzen. UGC bezieht sich auf alle von Benutzern oder Verbrauchern erstellten Inhalte, die eine Marke, ein Produkt oder eine Dienstleistung präsentieren, und kann verschiedene Formen annehmen, darunter Fotos, Videos, Rezensionen und Social-Media-Beiträge. Durch die Nutzung von UGC können Marken die Community fördern, die Authentizität steigern und letztendlich das Engagement und die Conversions steigern.

Einer der überzeugendsten Gründe für die Nutzung von UGC ist die inhärente Authentizität. Verbraucher stehen traditionellen Werbe- und Marketingtaktiken zunehmend skeptisch gegenüber und bevorzugen oft Inhalte, die authentisch und nachvollziehbar wirken. UGC bietet eine erfrischende Alternative, da es echte Erfahrungen von tatsächlichen Kunden widerspiegelt. Wenn potenzielle Käufer sehen, dass ihre Kollegen ein Produkt verwenden oder ihre Erfahrungen teilen, vertrauen sie der Marke eher und fühlen sich mit ihr verbunden. Beispielsweise haben Marken wie GoPro und Coca-Cola erfolgreich von Kunden erstellte Inhalte präsentiert, um die realen Anwendungen und den Genuss ihrer Produkte hervorzuheben, wodurch Glaubwürdigkeit aufgebaut und neue Kunden zum Engagement ermutigt werden.

Um UGC effektiv zu nutzen, sollten Marken eine Kultur des Teilens schaffen, indem sie Kunden dazu ermutigen, ihre Erfahrungen in sozialen Medien zu teilen. Dies kann durch verschiedene Strategien erreicht werden, wie zum Beispiel Marken-Hashtags, Wettbewerbe und Herausforderungen. Wenn Kunden beispielsweise dazu ermutigt werden, Fotos von sich selbst bei der Verwendung eines Produkts mit einem bestimmten Hashtag zu teilen, kann dies zu einer Fülle von Inhalten führen, die Marken dann kuratieren und präsentieren können. Dieser Ansatz erhöht nicht nur die Sichtbarkeit der Marke, sondern motiviert Kunden auch zur aktiven Teilnahme und schafft so ein Gemeinschaftsgefühl rund um die Marke.

Darüber hinaus kann die Präsentation von UGC auf Markenkanälen das Engagement erheblich steigern. Durch das Teilen von von Kunden erstellten Inhalten auf ihren Social-Media-Profilen oder Websites können Marken ihre Community hervorheben und gleichzeitig soziale Beweise liefern. Dies kann besonders effektiv sein, um bei den Kunden ein Zugehörigkeitsgefühl aufzubauen, da sie sich in der Botschaft der Marke repräsentiert sehen. Marken wie Starbucks haben UGC erfolgreich in ihr Marketing integriert, indem sie Kundenfotos in ihrem Instagram-Feed veröffentlichen, was nicht nur das Engagement steigert, sondern auch eine tiefere emotionale Bindung zu ihrem Publikum fördert.

UGC steigert nicht nur das Engagement, sondern kann auch die Konversionsraten steigern. Verbraucher treffen Kaufentscheidungen eher auf der Grundlage von Empfehlungen anderer Kunden als auf der Grundlage traditioneller Werbung. Durch die Integration von UGC in Marketingstrategien können Marken eine überzeugendere Darstellung schaffen, die die

Vorteile und die Attraktivität ihrer Produkte hervorhebt. Beispielsweise teilen Modemarken oft Fotos von Kunden, die ihre Kleidung tragen, und schaffen so eine visuelle Darstellung davon, wie die Produkte im wirklichen Leben gestylt und getragen werden können. Dies inspiriert nicht nur potenzielle Käufer, sondern schafft auch Vertrauen, da sie sehen können, wie echte Menschen die Produkte genießen.

Für Marken ist es wichtig, UGC aktiv zu verwalten und zu kuratieren, um sicherzustellen, dass es mit ihrem Markenimage und ihrer Botschaft übereinstimmt. Dazu gehört die Überwachung von Social-Media-Kanälen auf Erwähnungen und getaggte Beiträge sowie die Festlegung von Richtlinien für akzeptable Inhalte. Durch die Festlegung klarer Erwartungen an angemessene UGC können Marken die Konsistenz wahren und gleichzeitig die Kreativität fördern. Darüber hinaus kann die Einholung der Erlaubnis der Kunden vor dem Teilen ihrer Inhalte die Markentreue weiter stärken, da die Verbraucher es zu schätzen wissen, für ihre Beiträge anerkannt zu werden.

Die Einbindung von UGC in Marketingkampagnen kann Marken auch dabei helfen, relevant zu bleiben und auf ihre Zielgruppe einzugehen. Durch die Analyse der Arten von Inhalten, die Kunden teilen, können Marken wertvolle Erkenntnisse über Kundenpräferenzen und -trends gewinnen. Diese Informationen können in zukünftige Marketingstrategien, Produktentwicklung und Inhaltserstellung einfließen und sicherstellen, dass Marken weiterhin auf die Bedürfnisse und Wünsche ihrer Zielgruppe eingestellt sind. Wenn beispielsweise ein bestimmter Stil oder eine bestimmte Funktion eines Produkts regelmäßig in UGC auftaucht, können Marken diese Erkenntnisse nutzen, um ihre Marketingbemühungen zu verbessern oder ähnliche Angebote einzuführen.

Wenn Marken die Nutzung von UGC in Betracht ziehen, müssen sie sich auch der potenziellen Herausforderungen bewusst sein. Die Aufrechterhaltung der Qualitätskontrolle und die Sicherstellung, dass geteilte Inhalte mit den Markenwerten übereinstimmen, sind entscheidend, um negative Assoziationen zu vermeiden. Marken sollten auch darauf vorbereitet sein, auf Kritik oder negatives Feedback im Rahmen von UGC zu reagieren, da Transparenz und Reaktionsfähigkeit eine potenziell schädliche Situation in eine Gelegenheit verwandeln können,

Vertrauen aufzubauen und Engagement für die Kundenzufriedenheit zu demonstrieren.

ABSCHLUSS

Wenn wir diese Untersuchung des Social-Media-Marketings im Jahr 2025 abschließen, wird deutlich, dass sich die Landschaft kontinuierlich weiterentwickelt, geprägt von technologischen Fortschritten, verändertem Verbraucherverhalten und neuen Plattformen. Marken, die in diesem dynamischen Umfeld erfolgreich sind, werden sich schnell anpassen, Innovationen annehmen und authentische Verbindungen zu ihrem Publikum pflegen.

In diesem E-Book haben wir uns mit Schlüsselstrategien für den Aufbau einer starken Social-Media-Präsenz befasst, vom Verständnis aktueller Trends über die Nutzung benutzergenerierter Inhalte bis hin zur effektiven Interaktion mit unterschiedlichen Zielgruppen. Die Fallstudien hoben die Erfolge verschiedener Marken hervor und verdeutlichten die Kraft von Kreativität und Relevanz, um Aufmerksamkeit zu erregen und Engagement zu fördern. Jede Kampagne ist ein Beweis dafür, wie wichtig es ist, Marketingbemühungen an den Werten und Vorlieben der Verbraucher auszurichten.

In den kommenden Jahren wird die Bedeutung von Social Media in Marketingstrategien weiter zunehmen. Wenn neue Plattformen und Technologien entstehen, müssen Marken informiert und agil bleiben und ihre Ansätze kontinuierlich verfeinern, um den Erwartungen eines sich ständig verändernden Publikums gerecht zu werden. Durch den Fokus auf Personalisierung, Community-Aufbau und authentisches Storytelling können sich Marken als Marktführer in ihren jeweiligen Branchen positionieren.

Darüber hinaus werden Transparenz und Vertrauen bei der Bewältigung der Herausforderungen des Datenschutzes und der Datensicherheit zu wesentlichen Säulen erfolgreichen Social-Media-Marketings. Marken, die ethische Praktiken in den Vordergrund stellen und sinnvolle Gespräche mit ihren Kunden führen, verbessern nicht nur ihren Ruf, sondern fördern auch eine dauerhafte Loyalität.

Zusammenfassend lässt sich sagen, dass der Schlüssel zum Erfolg im Social-Media-Marketing in einem proaktiven Ansatz liegt, der Veränderungen annimmt und gleichzeitig auf den Grundwerten Authentizität und Verbindung basiert. Durch die Umsetzung der in diesem E-Book besprochenen Erkenntnisse und Strategien können Marken die Komplexität der digitalen Landschaft effektiv bewältigen und eine starke, engagierte Community aufbauen, die nachhaltiges Wachstum vorantreibt.

Denken Sie beim Voranschreiten Ihrer Social-Media-Marketingreise daran, dass jeder Beitrag, jede Interaktion und jede Kampagne eine Gelegenheit ist, Kontakte zu knüpfen, sich zu engagieren und zu inspirieren. Die Zukunft des Social-Media-Marketings ist rosig für diejenigen, die bereit sind, innovativ zu sein und sich anzupassen, und wir freuen uns darauf, zu sehen, wie Marken diese spannende Landschaft im Jahr 2025 und darüber hinaus prägen werden.

www.ingramcontent.com/pod-product-compliance
Lightning Source LLC
Chambersburg PA
CBHW071029240526
45469CB00006BD/2147